제주 사진관

제주 사진관

초판 1쇄 인쇄 2018년 5월 4일
초판 1쇄 발행 2018년 5월 14일

지은이	신은미
펴낸이	임충배
편집	Zephyros, 양경자
홍보/마케팅	이총석, 김정실
디자인	여수빈
펴낸곳	마들렌
제작	(주)피앤엠123

출판신고 2014년 4월 3일
등록번호 제406-2014-000035호

경기도 파주시 산남로 183-25
TEL 031-946-3196 / FAX 031-946-3171
홈페이지 www.pub365.co.kr

ISBN 979-11-86533-82-6 12980
Copyright©2018 by PUB.365 & 신은미. All rights reserved.

· 저자와 출판사의 허락 없이 내용 일부를 인용하거나 발췌하는 것을 금합니다.
· 저자와의 협의에 의하여 인지는 붙이지 않습니다.
· 가격은 뒤표지에 있습니다.
· 잘못 만들어진 책은 구입처에서 바꾸어 드립니다.
· 마들렌은 도서출판 삼육오의 브랜드입니다.

이 도서의 국립중앙도서관 출판예정도서목록(CIP)은 서지정보유통지원시스템 홈페이지(http://seoji.nl.go.kr)와
국가자료공동목록시스템(http://www.nl.go.kr/kolisnet)에서 이용하실 수 있습니다. (CIP제어번호: CIP2018012765)

제주 사진관

- 24 넓은 초원의 폐축사 — 158
- 25 위미리 동백 군락지 — 164
- 26 유채꽃 프라자 — 170
- 27 비양도 — 176
- 28 아부오름 — 182
- 29 녹산로(정석비행장) — 188
- 30 군산오름 — 194
- 31 모슬포항 등대 — 200
- 32 새별오름 — 206
- 33 정석들불 — 212
- 34 붓향사기들터 — 218
- 35 영주산 — 224
- 36 카페트롯차 — 230

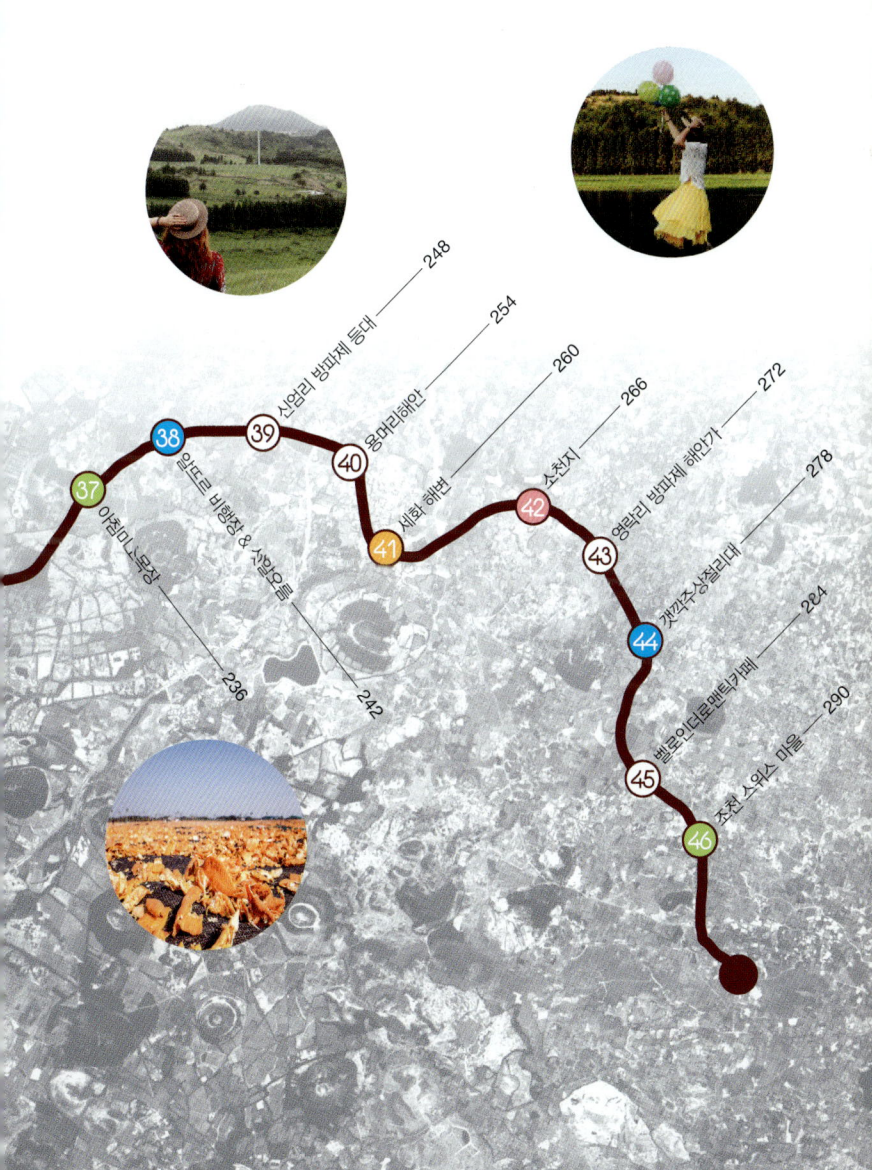

- 37 아침미소목장 — 236
- 38 월든힐스 바람쳐 & 산양오름 — 242
- 39 신엄리 방파제 등대 — 248
- 40 용머리해안 — 254
- 41 세화 해변 — 260
- 42 소천지 — 266
- 43 영락리 방파제 해안가 — 272
- 44 갯깍주상절리대 — 284
- 45 벨로인더로맨틱카페 — 290
- 46 조천 스위스 마을

10여 년의 사회생활 속에서 가슴 한 켠에 지니고 살았던 꿈이 있었다. 바로 배낭여행.

우연한 기회는 다니던 회사를 퇴사할 즈음 찾아왔다.
여행지를 정하고 남미행 비행기를 티켓팅하고, 동행자를 구했다.
짐을 꾸리면서야 비로소 '꿈이 실현되는구나 하고 생각하는 순간 '나의 행복의 기준'은 달라졌다.
어떤 곳이든 내가 존재하고 있다는 생각이 드는 순간마다 감사했다. 작은 바늘과 실로 구멍 난 옷을 꿰맬 때도, 근사하지는 않아도 내 몸 하나 기댈 수 있는 값싼 숙소에 묵으면서도, 화려하게

제주와의 첫 인연...

치장하거나 명품가방을 들고 다니지 않아도 내가 다니는 곳마다 웃음으로 반겨주는 사람들을 만나면 언제나 행복하다고 생각했다.

약 1년간의 배낭여행을 마치고 한국에 돌아왔을 때 난 오히려 한국의 상황에 적응하지 못했다. 여행자 개인은 물론이고 타인의 개인사에는 무관심한 외국과는 다른 한국의 분위기가 낯설어져 있었기 때문이다.

그때 도망치듯 달려온 곳이 제주였다. 게스트하우스의 스텝으로 첫발을 디디고 싸구려 몸뻬 바지에 화장도 안 한 모습으로 세상

편하게 지내면서 비로소 나의 제주 생활은 시작되었다. 제주는 내가 발을 디딘 순간 도시 사람이 아닌 촌사람으로 육지 사람이 아닌 현지인으로 내 모습 그대로를 편하게 받아주었다.

제주에서의 나는 원주민이었고, 누구도 내가 육지 사람이라고 생각하지 않았다. 하루하루 시간이 갈 때마다 제주는 다양한 얼굴로 나에게 감동을 주었고 나의 발길을 이곳저곳으로 이끌었다.

여행의 흔적을 남기는 방법으로는 사진만 한 것이 없다. 행복한 여행길의 추억을 사진으로 남기고 더 멋진 곳을 찾아다니며 기록하다 보니 어느새 나만 아는 명소들이 하나둘씩 만들어져 있었다. 전문사진작가도 전문여행가도 아니다. 혼자 다니는 편안한 여행을 좋아하고 보통 사

람들처럼 사진으로 추억을 남기는 그야말로 추억 쟁이다.
다만 여행은 인생에서 몸으로 배울 수 있는 가장 좋은 경험이며, 더군다나 그것을 기록으로 남기는 일은 무척 중요한 일이라는 생각은 늘 가지고 있다. 더욱이 그것이 사진이라면...

시시각각으로 변하는 제주의 모습은 내게 감동이었고, 자꾸만 나를 여행의 길 위로 유혹했다. 불쑥 떠난 여행지에서 추억을 한 컷 남기고, 더 멋진 장소를 찾아다녔던 나를 내 모습 그대로 받아주었던 제주의 멋진 여행지의 추억을 한 권의 책으로 엮어 본다.

제주는 짧은 일정과 적은 경비로 다양한 여행을 즐기기 좋은 여행지다. 잘 알려지지 않은 곳을 찾아 나만의 사진을 남기는 것은 관광여행과는 다른 재미가 있다. 나만의 여행지를 찾아 인생 사진을 만들어 보자.

01 송당목장

address 📍 _ 제주 제주시 구좌읍 송당리 산 2813
parking 🚗 _ 주변 도로에 주차 가능
attitude 📣 _ 봄,여름 비가내린 뒤 땅이 젖어 있는
곳이니 여분의 신발을 준비

삼나무와 초록빛의 향연

넓은 초원에 가지런히 자리 잡은 삼나무숲은 뉴질랜드를 떠오르게 할 만큼 아름다운 곳이다. 숲에 들어서는 순간 "여기가 한국이 맞아"라는 말을 뱉어낼지도 모른다.

이곳은 모든 것이 멈춰버린 듯한 공간이다. 너무나 평온하고 고요해서 시간과 공간이 조금은 느려진 듯 느껴질 때도 있다.

평온의 정적이 흐르는 이곳은 사람의 발길이 닿지 않은 숲속의 주인인 고라니가 우리를 기웃거리며 이 공간을 허락해주는 것 같다.

싱그러운 초록빛을 만끽할 수 있는 봄, 여름의 여행지로 제격이다.

햇살이 드리우는 날, 푸른 숲을 배경으로 사진을 찍는 것도 좋지만, 비가 내렸다면 고인 물웅덩이를 활용해보자.

이른 아침의 여명이 드리우는 시간 물에 비친 모습을 찍어보자. 햇살이 강해지면 물에 반사된 풍경이 약해지므로, 여명이 떠오르는 시간을 활용하면 물에 비친 모습을 선명하게 찍을 수 있다.

온 세상이 푸르른 나무들로 둘러싸여 있기에 초록 풍경에 맞추어 원색의 의상이나 소품을 활용해 보자.
푸른색과 어울리는 노랑, 주황, 아이보리 등의 색을 추천한다.

13 송당목장

친구들과 함께라면 예쁜 색색의 풍선을 이용하거나 컬러풀한 장화도 좋다.

비 온 뒤에 촬영한다면 물 동그라미로 사진의 분위기를 더하자. 물 동그라미는 점프하기 전에 먼저 한 발로 수면을 발로 차고 뛰어오르면 자연스러운 물 동그라미가 만들어진다.

15 송당목장

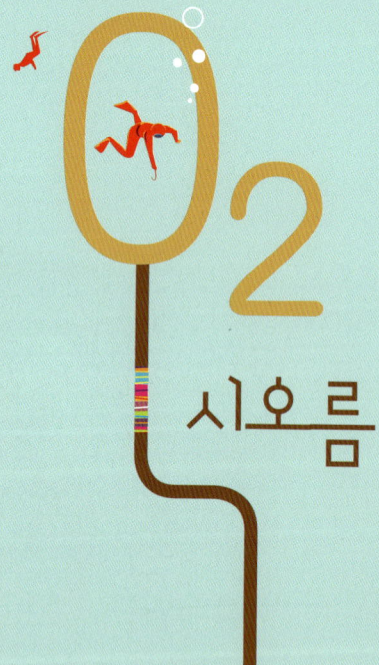

시오름

address 📍	_ 제주 서귀포시 대륜동 산 9
parking 🚗	_ 차로 올라가는 마지막 위치에 5대정도 주차가능한 공간있음
attitude 📣	_ 중간에 돌길로 되어있어 운동화를 챙기자 야생의 숲길을 느낄 수 있는 공간

야생의 느낌 그대로 치유의 숲

산록도로 1115번길에 위치한 시오름은 생김새가 남자답다고 하여 수컷 오름 / 숫오름으로 불리다가 지금은 시오름으로 불린다. 생김새로 분류하면 원추형 오름이며, 호근산책로를 함께 돌아보는 코스이다.

시오름 인근 숲은 자연림과 편백나무가 울창한 숲을 이루고 있어 운동 삼아 산책하기 좋으며, 소요시간은 약 두시간 정도 걸린다.

사람 손이 닿지 않은 야생 숲의 매력에 이끌려 한 걸음씩 발을 떼다 보면 어디선가 숲속의 요정들이 나타나 인사를 해줄 것만 같다.

잠시 숲길을 걷다보면 돌길이 시작되는 곳이 오름의 입구다. 나무에 들러붙은 초록의 이끼, 나무 사이로 새어든 빛이 야생의 제주를 느끼게 해 준다.

시간이 넉넉하다면 오름을 한번 둘러보는 것도 좋지만, 힘든 게 싫다면 이곳까지만 들러도 멋진 야생 숲을 배경으로 인생 사진을 남길 수 있다.

이끼 덮인 나무들이 야생의 분위기를 만들어 준다. 나무에 걸터앉거나 기대면 자연과 하나가 되는 듯한 구도로 만들 수 있다. 특이한 모양의 나무들이 야생의 느낌이 절로 만들어 내고 있어, 흔하지 않은 풍경이 이국적인 분위기를 만들어낸다.

19 시오름

낮 시간을 이용해보자. 나무 사이로 새어드는 빛을 조명으로 활용하면 더 자연스러운 사진이 연출된다.

부러져 누워있는 나무, 이끼로 덮인 나무들을 천연 소품으로 활용하자. 다만 나무는 습하고 이끼가 많아 미끄러우니 주의하자.

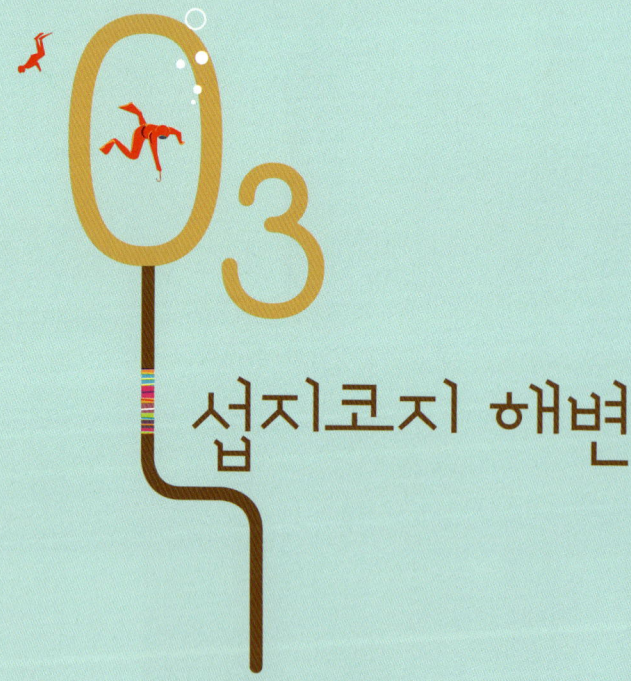

03 섭지코지 해변

address 📍 _ 제주 서귀포시 성산읍 섭지코지로 107
parking 🚗 _ 별도의 주차장 있음
attitude 📣 _ 동쪽, 일출명소를 찾는다면
가장 먼저 이곳으로...

바다위에서 만나는 성산일출봉

   섭지는 드나들 수 있는 골목이 비좁다는 의미의 협지(狹地)를 뜻하고, 코지는 곶을 의미하는 제주 사투리로 섭지코지를 풀이하면 '비좁은 곶'이 된다.

   영화 "올인"으로 유명해진 섭지코지는 외국인에게도 꽤 유명하고, 성산 일출봉과 함께 반드시 들러가는 코스이다.

   그럼에도 근처에 위치한 "섭지코지 해변"은 여행객들이 미처 알지 못하고 지나쳐버리는 곳이기도 하나.

   많은 이들이 즐겨 찾는 성산 일출봉을 배경으로 색다른 일출의 풍경을 담을 수 있는 곳이다.

   바닷물이 붉게 물드는 여명의 물결이 마치 물감으로 수채화를 그린 듯 멋진 풍경의 사진을 얻을 수 있다.

   이른 새벽 그 유명한 일출을 보지 못하더라도 한적한 바닷가에서 잠시 여유를 부릴 수 있고, 밤이 깊어 불빛을 밝힌 오징어 배를 보면서, 하루의 피로를 지울 수도 있다.

일출 시간 15분 전에 도착하여
붉게 물드는 여명 타임을 즐기자.
바다 수평선이 기울지 않도록 주의!

25 섭지코지 해변

지는 해와 뜨는 해를 담을 때는 해와 겹치지 않도록 구도를 잡는 것이 좋다. 성산 일출봉과 해가 나란히 있을 때 촬영해보자. 붉은 바다와 실루엣이 잘 어우러지는 것이 포인트!

화면을 9등분으로 나누어 왼쪽 아래에 인물이 위치하도록 구도를 잡아보자. 오른쪽으로 바라본다면 방향성이 좋은 구도가 될 것이고, 왼쪽을 바라보게 촬영한다면 사진 밖에 무엇인가 있을 것 같은 기대감을 줄 수 있다. 단, 카메라를 뚫어지게 바라보며 찍는 것은 금물!

멀리 보이는 성산 일출봉을 등지고 촬영해 보자. 화면을 9등분으로 나누고 성산 일출봉을 왼쪽 가운데, 인물은 오른쪽 아래에 위치해 찍어보자.

04 함박재 농원 가는길

address _ 제주시 애월읍 어음리 산26-5
parking _ 숲길 어디든 주차
attitude _ 편백나무숲과 넝쿨의 따스함이 함께
　　　　　　　공존하는 나만의 비밀스런 정원

나만 아는 숨은 명소

함박재 농원 인근에 사시는 분이 알려주신 숨은 명소가 있다.

말을 타는 분들이 가끔 다닌다며 우연히 보여 주신 "숲길 사진"을 보고 무작정 찾아 헤매다 발견한 숨은 장소다.

"큰바리메 오름"에서 그리 멀지 않은 곳에 있으나, 워낙 깊은 숲길이라 대부분 주민만 간간이 볼 수 있다.

늦가을이나 겨울은 건조하고 메마른 느낌이라, 푸르고 초록의 생기있는 풍경을 만날 수 있는 봄, 여름 여행지로 추천한다.

목장과 오름을 지나는 한적한 길, 동화 속 주인공이 되어 성에 갇혀 있는 라푼젤을 찾으러 가는 씩씩한 왕자가 된 듯한 기분이 든다.

숲길 곳곳에 제주의 향기를 느낄 수 있는 숨은 장소들이 있으니, 어린 시절 보물찾기하듯이 자세히 살펴보도록 하자.

길 양옆으로 쭉쭉 뻗은 편백나무들을 시원하게 표현하려면 세로로 찍는 것이 좋다.
사진 속 우산으로 표현한 풀은 옛날에 사약으로 쓰던 독풀(천남성)이다. 촬영 당시는 몰랐으나 뒤늦게 알고는 소스라치게 놀랐던 경험이 있다.

* 천남성 독풀을 사용하고도 그 당시 탈이 나거나 하지는 않았으나 그래도 위험하니 숲 깊숙이 자생하는 모르는 풀들은 모두 조심히 다루자.

쭉쭉 뻗은 편백나무에 주렁주렁 매달린 덩굴이 서로를 어루만지는 것 같다. 나무와 덩굴이 있는 장면은 뜨거운 여름 속 시원한 기운을 더욱 넘치게 한다.

33 함박재 농원 가는 길

나무를 양옆에 두고 사진을 찍을 때는 나무의 밑 둥 몸체가 잘리지 않도록 하자. 더 안정적이고 웅장한 느낌을 줄 수 있다.

깊은 숲이라 습하고 물이 차있는 곳을 드문드문 볼 수 있다. 이런 장소는 반영사진을 시도해 보자. 빛이 너무 세면 인물이 빛으로 번지거나 나뭇잎 때문에 어두운 곳이 생긴다. 이른 오전 또는 늦은 오후 시간대가 적당하다.

35 함박재 농원 가는 길

흐리고 비오는 날의 숲은 남다른 운치가 있다. 비오는 제주에서 딱히 갈 곳이 없다면 조용한 숲을 걸어 보는 것은 어떨까?

05 족은사슴이오름

address _ 제주 서귀포시 표선면 녹산로 536
parking _ 오름 입구 도로쪽으로 주차 공간여유 있음
attitude _ 사유지이므로 차로 진입 안되나
걸어서 산책은 가능

고라니 노래 소리와 함께한 오솔길

몇 번이고 가고 싶었던 곳이긴 하나 '사유지'라 출입제한으로 발길을 돌려야 할 때가 있었다. 개인적으로 미련이 남아 다시 한번 찾았을 때 일을 마치고 나오시는 분을 우연히 만났다. 자동차의 출입은 안 되지만 걷는 산책 정도로 한 바퀴 돌고 나와도 된다는 기분 좋은 팁!

사슴의 모습을 닮아 '녹산'이라 불리는 큰사슴이오름(대록산)과 구별하여 족은사슴이오름(소록산)이라 부른다. 오름의 모양새가 사슴을 닮아서 붙여진 이름이라 전해지기도 하고, 수변에 사슴이 무리를 지어서 살았다고 하여 붙여졌다고도 한다.

그래서였을까? 오름을 걷는 동안 고라니 울음소리가 끊임없이 들려왔다. 자신들의 영역에 낯선 생물이 들어왔으니 경계하는 것도 당연하다. 여기저기 서로의 위험을 알리는 울음소리가 물결을 이루며 나의 발소리를 전한다.

분화구 안까지 한 바퀴 돌아 보려면 많은 시간이 소요되는 '큰사슴이오름'과는 달리 '족은사슴이오름'은 탁 트인 전망과 경치는 없지만 짧은 시간에 부담 없이 산책하기 좋다.

계속 정상을 목적으로 오르는 것보다 입구 양옆의 숲길과 공간을 추천한다.

입구에서부터 신비한 오솔길이 시작된다.
양옆으로 늘어선 오솔길이 포인트!
길을 중심으로 먼 곳까지 화면에 담는 것이 좋다.

오솔길 안은 그야말로 레알 야생의 숲이다.
버려진 듯 관리하지 않은 듯한 느낌의 숲으로 새어드는 빛을 활용하면 자연스러운 분위기를 연출하기 좋다.

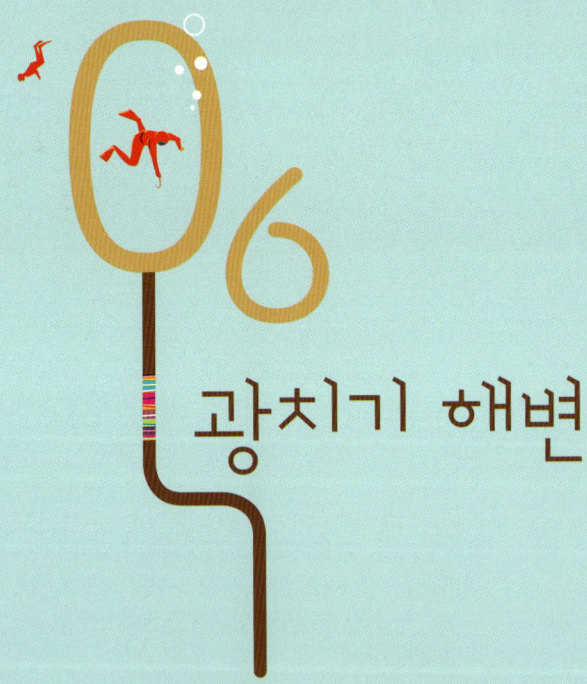

06 광치기 해변

address _ 제주시 서귀포시 성산읍 고성리 224-33
parking _ 도로 주변에 주차
attitude _ 성산일출봉이 보이는 일출명소.
간조 때에 가면 신비함 느낄 수 있다.

멋진 풍경 뒤에 숨어있는 슬픈 사연

'광치기'는 '관니기'에서 유래했다. 옛날 거친 바닷물결에 조난당한 어부들의 시신이 해변으로 떠내려오면 사체를 수습하던 곳이라 붙여진 이름이다. 성산 일출봉이 품고 있는 아름다운 풍경과는 정반대의 슬픔을 안고 있는 곳이다.

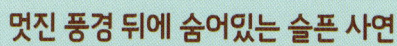

제주의 동쪽을 여행하는 이들이라면 스치듯 들르는 장소. 하지만 머무는 시간 동안은 죽은 이들의 숨결을 한번쯤 생각해 보는 것도 좋다.

에메랄드 바닷물이 출렁이는 풍경도 아름답지만, 간조 타임에 만날 수 있는 초록의 이끼가 이 바다의 색다른 매력을 보여준다.

늦은 밤 혼자 이곳에 머물 때면,

외롭고 지쳐 있던 마음을 달래주는 파도 소리에 위로를 얻어 가는 그런 곳이었다.

광치기 해변

이끼와 바다의 조화를 담거나, 성산 일출봉의 반영사진을 찍을 때는 물이 빠져나가는 썰물 때가 좋다.
바다에서의 사진은 수평이 강조된다.
사람이 머리가 수평선 바로 위로 올라가고 눈이 수평선 부근에 위치하도록 구도를 잡자.

47 광치기 해변

해변에서 성산 일출봉을 등지고 오른쪽으로 100m 정도 걸어가면 제주와 아름답게 어울리는 하얀 배가 있다.
하얀 배에서는 빨간색 티셔츠나 노란색의 원색 티셔츠를 권한다.
정면에서 하늘과 조화롭게 찍는 것이 가장 깔끔하다.

07 화순곶자왈

address 📍 _ 제주 서귀포시 안덕면 화순리 2045
parking 🚗 _ 여러대의 주차할 수 있는 주차장
attitude 📢 _ 아마존, 정글 같은 분위기

아바타 영화의 배경 같은 신비로움

많은 시간을 들이지 않고 제주를 느끼고 싶다면 '곶자왈'이 제격이다.

곶자왈의 '곶'은 숲을 뜻하고 '자왈'은 '나무와 덩굴이 마구 엉클어진 수풀'을 말한다. 화산이 분출할 때 점성이 높은 용암이 흘러 만들어진 지표면에 자산 풀과 나무들은 특유의 보온보습효과를 발생시켜 북방한계 식물과 남방한계 식물이 공존하게 한다.

지구상에서 오직 제주에만 존재하는 이 특별한 숲은 제주생태계의 허파 역할을 하고 있다.

그 중 '화순곶자왈'은 사계절 내내 자연의 숨결을 느낄 수 있다. 특히 여기저기 뻗은 가시덩굴 숲은 영화 '아바타'의 신비로운 정글을 연상시킨다.

자연림 사이로 들어오는 햇살이 가시덩굴에 생명을 불어넣은 듯 아마존 정글 같은 생동감이 느껴지는 숲길이다.

탐방코스도 길지 않고 길도 잘 정비 되어있어 편안하게 산책을 즐길 수 있다.

나무의 모양이 다양하고 특색있다. 특이한 모양의 나무를 하나하나 찍어 보는 것도 좋고, 숲 전체를 한 화면에 담는 것도 좋다.

특별한 전문가의 기술은 필요 없다. 독특한 모양의 나무를 발견하면 셔터를 누르자. 나무의 특징을 잘 살리는 것만 신경 써주면 좋을 듯하다.

길을 지나면서 숲을 보면 나무 사이로 새어 나온 빛들이 아름답다. 자연조명으로 활용하면 자연스러운 사진을 찍을 수 있으나 그 빛이 얼굴에 직접 드리우거나 숲의 그림자가 얼굴 일부에 그늘이 생기지 않도록 항상 주의하자.

나무에 이끼가 있어 미끄러울 수 있으며, 나무에 걸터앉거나 등을 기대면 이끼가 옷에 묻어 물이 들 수 있으니 주의하자.

08 항몽유적지

address _ 제주시 애월읍 항파두리로 50
parking _ 항파두리 항몽유적지 주차장
attitude _ 노란물결의 봄
붉은물결의 가을여행지로 추천

삼별초의 혼을 사계절 내내

세계 역사상 유례없는 대제국 원나라에 끝까지 맞서 싸운 '삼별초의 혼'이 잠들어 있는 곳으로 사계절 내내 다양한 꽃과 나무가 자라는 장소다.

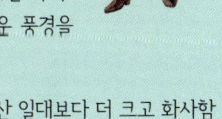

봄에는 연둣빛 화살나무와 노랑 유채꽃밭이 봄의 향기를 느낄 수 있고, 여름이면 녹색 빛깔의 청보리와 해바라기이 멋스러운 풍경을 즐길 수 있다.

특히, 이곳 유채꽃밭은 산방산과 성산 일대보다 더 크고 화사함을 가지고 있어서 인물사진의 배경을 더 또렷하게 잡아준다.

가을에는 붉은빛의 융단 물결이 흔히 주변에서 보는 가을 단풍과는 사뭇 다르다. 가을 단풍 중에서 가장 아름다운 색을 자랑하는 나무로 나뭇가지가 화살처럼 생겼다고 하여 화살나무로 불린다.

떨어진 나뭇잎이 마치 붉은 장미 꽃잎들을 깔아놓은 듯한 풍경이 몽환적인 숲길을 거니는 듯한 느낌을 준다.

초록 잎들이 피어나는 봄의 나무들 사이에서 한 컷을 찍어보자.
봄의 향기를 느낄 수 있다.

화살나무 사이의 숲길 가운데 자리 잡아보자.
나무와 잎들이 풍성하게 보이려면 하늘을 더 많이 담으면 된다.

화살나무군락지 맞은편에 위치한 유채꽃밭.

인물을 중심으로 아웃포커싱을 설정하면 자연스러운 노란색 풍경의 감성 사진을 만들기 좋은 방법이다.

봄을 알려주는 유채꽃밭.

계절에 따라 다른 장소처럼 느껴지는 곳!
유채꽃의 노오란 물결과 달리 가을에는 붉은 물결로 변한다.
나무 사이에서 찍을 때는 가지 사이로 새어 나오는 빛에 얼굴 일부가 그늘지지 않도록 하자. 또한, 빛이 너무 강하면 얼굴이 허옇게 이목구비가 잘 나타나지 않을 수 있다. 이럴 땐 차라리 그늘진 자리를 찾아서 밝기 조절해 찍는 것도 좋은 방법이다.

61 항몽유적지

09 신창풍차 해안도로

address 📍 _ 제주 한경면 신창리 1322-1
parking 🚗 _ 원하는 위치에 주차
attitude 📢 _ 풍차와 함께 유럽느낌의
인생사진을 찍을 수 있다

유럽풍의 낭만적인 바다

제주 서쪽 바다의 절경을 감상하며 자동차로 드라이브 하다 보면 해안 곳곳에 거대한 풍차가 눈에 들어온다. 마치 유럽에 와 있는 것 같다.

바다를 가로지르는 해상다리 쪽으로 산책하기도 좋고 무인도 차귀도를 바로 눈앞에서 감상할 수 있다.

광고나 드라마 속 배경으로도 많이 등장할 만큼 다른 해변과 다른 이국적인 풍경을 가지고 있다

드라마 '도깨비'의 한 장면을 연출해 줄 것만 같은 곳으로, 일몰을 감상하기에 최고의 장소이다.

썰물 때는 바다 쪽으로 길이 생겨 바닷길을 걸어볼 수도 있다. 갈라진 바다를 걷는 새로운 경험을 해보고 싶다면 이곳을 추천한다.

바다 가운데 일정하게 세워진 하얀 풍차와 파란 하늘, 시원한 제주의 바람을 느껴보자.

제주의 스쿠터 여행! 추운 한겨울이 아니라면 해안도로를 여행하기 좋다. 해안도로를 달리며 풍차와 함께 이국적인 느낌의 사진을 찍기에 좋다.

신창풍차 해안도로

인물과 풍차가 겹치지 않도록 하자.
수평선과 나란한 구도를 잡으면 안정감을 줄 수 있다.

바닷길을 따라 걷다 보면 해안 쪽으로 초소가 있다.
이곳은 바닷물이 빠져야 건널 수 있는 곳이다.
초소의 창문을 이용하여 액자 같은 느낌의 사진을 연출해보자.

작은 액자 속에 탁 트인 바다와 작은 꼬마 풍차가 귀엽다. 그림 같은 사진을 만들기 원한다면 사람과 멀리 떨어져 촬영한다. 인물이 풍경 속 묻힌 것 같은 느낌을 줄 수 있다.

10 신흥리동백마을

address 📍 _ 제주 서귀포시 남원읍 신흥리 1850-1
제주 서귀포시 남원읍 수망리 50
parking 🚗 _ 차가 많이 없는 동네라 곳곳에 주차 가능
attitude 📢 _ 사유지이니 조용히 이용할 것

꾸밈없이 소박한 동백마을

추운 겨울 위미리에서 아기 동백꽃을 만났다면, 1~3월에는 토종 동백꽃을 만날 수 있다.

중산간 지역인 동백마을은 마을 초입부터 붉은 물결을 볼 수 있다.

지방기념물 제27호로 지정된 제주 동백나무 군락지로 마을 곳곳에 수령이 300년 이상 된 동백나무들이 돌집과 어우러져 있다.

제주만의 고즈넉한 정취를 만끽할 수 있는 마을이라 겨울 웨딩 촬영지로 HOT한 포인트지만, 위미리 동백군락지처럼 외부에 노출되어 있지 않아 조용히 산책하며 사색하기에 적당하다.

제주의 낮은 돌담 안으로 아담히 지어진 돌집들과 마을 곳곳에서 피어있는 동백꽃 나무의 풍경에서 정겨움이 묻어나는 곳이다.

꾸밈없이 자연스럽고 소박한 장소를 선호한다면 강력 추천!
단, 개방되어 있으나 '사유지'이므로 주의해야 한다.

동백꽃이 활짝 열렸을 때도 예쁘지만 바닥에 떨어진 꽃잎이
붉은 융단을 이룰 때는 더욱 예쁘다.
붉은 물결이 잘 드러나도록 바닥을 조금 더 강조하자.

겨울에서 봄까지 촬영하기 좋은 동백터널은 웨딩촬영으로도
유명한 곳이다.
터널숲의 느낌을 살려 찍는 게 포인트!

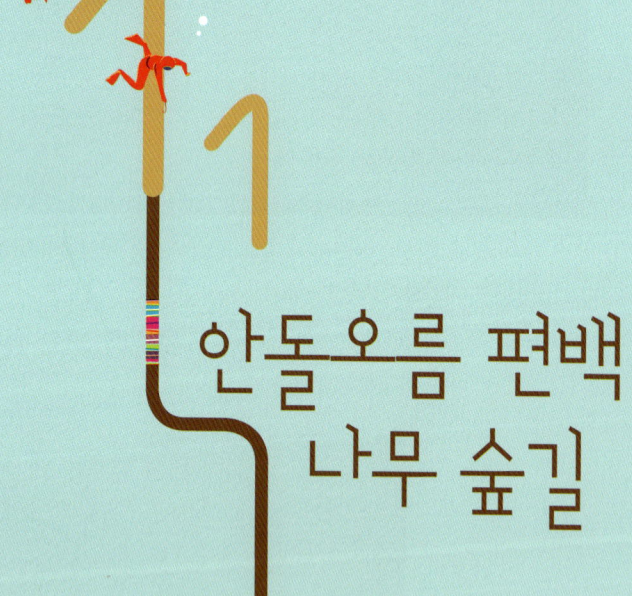

안돌오름 편백 나무 숲길

address _ 제주 서귀포시 송당리 2170
parking _ 숲길 바로 앞에 작은여유의 공터
attitude _ 사유지이니 조용히 이용할 것

동화속에 나올 것 같은 신비의 숲길

송당마을엔 18개의 오름이 있는데, 쌍둥이 오름이라고도 불리는 '안돌오름'과 '밧돌오름'이 있다.

두 오름은 돌오름으로 조선 시대까지는 두 오름 사이의 경계에 돌담이 있었다고 한다. 그 돌담 안쪽을 '안돌오름' 바깥쪽을 '밧돌오름'이라고 부르게 되었다.

여행객들의 발길이 직이 풍부한 목초자원이 자연 그대로 잘 유지되고 있으며, '비밀의 숲' 같은 느낌으로 웨딩촬영노 일 수 있다.

이 곳을 찾아내기까지 두 번 허탕 치고 세 번째에 겨우 찾았다.

쭉쭉 뻗은 삼나무 숲길과는 다른, 삐뚤빼뚤한 모양의 나무 숲길이 신비한 매력을 가지고 있다.

끝없는 숲 터널 같은 분위기가 마치 동화 헨젤과 그레텔에 나올 듯, 숲속 저 끝 어딘가에 과자로 만든 집이 있을 것만 같다.

너무 멋진 곳이지만, 사유지이기 때문에 조용히 방문하길...

입구에서 양쪽으로 나란히 줄지어 있는 나무들 사이에서 찍는게 이 숲길의 포인트이다.

숲길 중간에 꺾여 있는 나무를 의자처럼 이용해 보자. 살짝 올라앉으면 숲과 잘 어우러진 장면을 담을 수 있다.

숲길의 옆면에서 나란히 서 있는 나무들 사이에 서서
구도를 잡으면 색다른 분위기를 잡아준다.
친구들 여럿과 함께라면 알록달록한 의상으로 흥겨운
분위기를 연출해 보자.

12 사려니숲길

address _ 제주시 서귀포시 표선면 가시리 산 158-4
parking 🚗 _ 붉은오름 입구쪽으로 주차 후 바로
산책이 가능
attitude 📢 _ 진정한 제주의 숲길

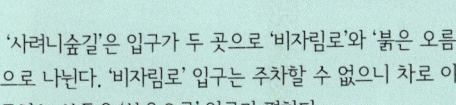

거대한 삼나무 숲길

'사려니숲길'은 입구가 두 곳으로 '비자림로'와 '붉은 오름'으로 나뉜다. '비자림로' 입구는 주차할 수 없으니 차로 이동하는 분들은 '붉은오름' 입구가 편하다.

'비자림로'를 시작으로 '물찻오름'과 '사려니오름'까지 이어진 약 10km의 삼나무 숲길을 '사려니숲길'이라 부르는데 '사려l'라는 말은 '신성한 곳'을 뜻하는 말이다.

'사려니오름'은 일반인에게 개방하지 않고 사전 예약제로 운영하며, '물찻오름'은 자연휴식년제를 적용하여 2018년 6월까지 전면통제한다.

사려니숲 '에코힐링 체험 행사' 기간에는 한시적으로 개방하니 반드시 확인하고 사전 예약 시에만 입장이 가능하다.

삼나무, 편백나무, 참나무 등이 빼곡히 자리 잡은 힐링 여행지로 맑은 날, 흐린 날 관계없이 대자연의 정취를 느낄 수 있다.

숲길 사이로 빼꼼히 들어오는 빛들이 따사로운 분위기의 사진을 연출할 수도 있고 흐린 날 자욱이 뒤덮이는 안개가 몽환적인 분위기의 사진을 연출해 주기도 한다.

제주를 느껴보고 싶다면, 숲의 숨결을 느끼며 산책은 해보는 건 어떨까?

80여 년이 넘은 삼나무들이 촘촘히 자리 잡고 있다. 바닥에는 잘린 나무들이 널려있어 원시림 같은 느낌을 준다.
제주 느낌의 셀프웨딩 촬영을 원한다면 당연 사려니 숲길을 추천한다.

붉은 오름 입구를 따라 걷다 보면 노르웨이 숲길 같은 풍경들이 이어진다.
정해진 구도는 없지만, 지면보다 숲을 강조하면 자연스러운 숲길을 찍을 수 있다.

85 사려니 숲길

끝없이 이어지는
삼나무 숲길

사려니숲길 87

가벼운 소품은 사진을 더욱 돋보이게 한다.
모자나 신발은 여러 개 준비하고 다양한 연출을
시도해 보자.

* 제주 국립산림과학원 난대산림연구소
  삼나무 전시림

가파도

address 　 _ 제주 서귀포시 대정읍 하모리 646-20
parking 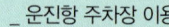 _ 운진항 주차장 이용
attitude 　 _ 운진항에서 하루 3~4편의 배가 운행되며
　　　　　　가파도 도착 후 2시간 이후 배를 타고
　　　　　　나와야함.(운진항 위치 - 서귀포 대정읍
　　　　　　하모리). 신분증은 꼭 챙기자.

가파도

청보리가 익어가는 제주도의 오지

섬 전체가 가오리처럼 덮는 형상이어서 가파도라고 불린다.

청보리가 익어가는 4월 초에서 5월 가장 인기가 좋은 장소이기에 그만큼 이 시기에는 배편을 잡기도 힘들다.

들어가는 배편은 하루 4번, 나오는 배편은 하루 3번으로 당일 선착순으로 발권하고 있으니 서두르는 것이 좋다.

청보리 시즌이 아니더라도 여름 시즌, 한적한 어촌마을에서 여유로운 시간을 즐기며 초록의 밭과 푸른 바다의 마을 전체 풍경이 모두 포토존이다.

선착장에 내리면 친근한 할아버지께 자전거를 빌릴 수 있다. 가격은 5천 원. 걷는 것이 부담스럽다면 자전거를 이용하자.

왼쪽에는 푸른 바닷길, 오른쪽에는 소담한 돌담길이 잘 어우러져 자전거로 달리면 파란 음료(포카리스웨트) CF의 느낌을 줄 수 있다. 바닷가를 돌다 보면 쉼터도 있으니 쉬엄쉬엄 마을의 소소한 풍경을 만끽해보자.

자전거렌탈이 가능하니, 새로운 경험을 하고 싶다면 자전거 투어로 섬을 한 바퀴 도는 것을 추천한다. 기왕이면 마음에 드는 색을 골라 소품으로 활용하자.

해변을 끼고 산책해 보면 알게 된다. 시야를 가리는 건물이나 전선들이 없다는 사실. 볕이 좋은 날에는 아무 곳에서 셔텨를 눌러도 맑은 사진을 얻을 수 있다.

자전거로 섬을 한 바퀴 돌면서 바다를 연출하면 활동적인 여행자의 모습을 담을 수 있다.
해변 사진이 부족하다는 생각이 들면 소담한 작은 어촌마을로 눈을 돌려 보자.
주민들에게 방해가 되지 않게 조용히 한 바퀴!

93 가파도

돌담길에서 타고 왔던 자전거, 말랑말랑 하늘의 구름... 그림 같은 장면을 연출하는 소품이 된다.
햇빛이 강한 날에는 항상 역광에 주의하자.

송당숲길

address 📍	_ 제주시 구좌읍 송당리 2246-1
parking 🚗	_ 주차공간은 없으나 숲쪽에 주차가능
attitude 📢	_ 인적이 없는 한적한 곳으로 새소리와 함께 짧은 시간 산책코스로 좋다

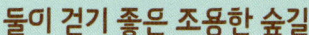

둘이 걷기 좋은 조용한 숲길

 제주의 숲길은 오묘해서 언제 어느 시간에 오느냐에 따라 다양한 분위기를 만들어 준다.

 송당은 숲길과 오름들이 많다. 우연히 근처를 지나다가 돌담길 안에 자리 잡은 나무가 눈에 띄어 발길을 돌렸다.

 짝이 있다면 단둘이 손을 잡고 산책을 하고픈 고요한 숲길.

 누군가가 조심스레 쌓아 놓은 소박한 돌담은 꽤 오랫동안 사람의 손길이 닿지 않아 외로워 보이기까지 한다.

 인근에 있는 '백약이 오름'이나 '송당목장'을 지난다면 잠시 들러 숲에서 힐링하기 좋다.

 가지런히 하늘로 뻗은 나무들과 단정한 숲길 한쪽엔 제멋대로 뻗어가는 나뭇가지들이 그야말로 야생이다.

이른 오전이나 늦은 오후가 아니면 빛이 강하다.
가급적 강한 햇빛은 피하는 것이 상책이다. 그렇다고 실망하지는 말자.
오히려 강한 빛은 따스한 분위기를 만들어 주기도 한다.

인생 사진에 꼭 인물이 나와야 한 다는 법은 없다.
자신을 대표할 소품만으로도 멋진 사진을 연출할 수 있다.

제주에서만 볼 수 있는 특색있는 돌담이 숲길 중간에 자리 잡고 있다. 어느 방향에서 찍어도 울창한 나무 숲길을 배경으로 찍을 수 있다.

나무 사이로 은은히 들어오는 빛의 색이 매력적인 숲길이다.

15 행원리 풍차

address _ 서귀포시 구좌읍 행원리 575-5
parking _ 주변 도로에 서너 대 주차 가능
attitude _ 바다향기를 느끼며 한숨 쉬어가기 좋은 장소

바람의 마을 행원리

제주 삼다 중 하나인 바람(風)이 제일 많은 행원리.
오와 열을 맞춰 바다위로 늘어선 풍력발전기가 장관이다.

제주의 바다는 천 가지의 매력을 담고 있어 언제 촬영을 하더라도 부담 없다.

맑은 날에는 하얀 구름을, 흐린 날에는 검은 구름의 실루엣을 담아 보자. 평온한 분위기의 바다 사진을 얻을 수 있다.

바다를 바라보며 올레길을 걷다 보면, 어느새 느려지는 발걸음이 바다 앞에 머물게 만드는 매력적인 곳이다.

하얀 백사장과 에메랄드빛 바다 풍경이 이국적인 조용한 행원리 바다에서 힘들게 달려온 하루의 일정을 마무리해보는 것은 어떨까?

멀리 월정리 해변을 배경으로 분위기 있는 '커피 한잔의 여유'를 즐겨보는 것도 좋다.

행원리 풍차 103

풍차를 사진에 담으면 이국적인 분위기가 흐른다.
멀리 보이는 여러 개의 풍차 중 하나를 포인트로 잡고
인물과 겹치지 않도록 하자.

바람과 함께 잠시 쉬어가며,
여백이 필요한 감정을 추스르기 좋은 장소이다.

역광으로 촬영해보자.
얼굴이 나오기는 어렵지만, 분위기 있는 실루엣 사진을 얻을 수 있다. 항상 분위기만 있어도 지루한 사진이 될 수 있으니 역동적인 모습을 담아 보는 것도 좋다.

동일한 장소라도 매시간 다른 분위기를 만들 수 있다.
역광일 때는 실루엣으로, 역광이 아닐 때는 바다를 배경으로
푸른 도화지를 채우는 느낌으로 촬영해보자.

16 누운오름

address _ 제주시 한림읍 금악리 산 10-7
parking _ 주소지를 따라 들어가다 보면 왼쪽편에 정해진 주차장은 아니지만 서너대 주차 할 만한 공간
attitude _ 말들이 뛰어노는 초원같은 오름

소가 누운 언덕

'누운오름'은 소가 누워있는 모습에서 유래된 이름이라고 한다.

도로에 표시된 '누운오름' 이정표를 따라 100m 정도 들어오면 주차할 만한 널찍한 공간이 있다.

그곳에 주차하고 왔던 길 왼편으로 넓은 초원이 입구를 만날 수 있다.

작은 언덕 같은 느낌의 초록의 초원을 보려면, 봄에서 초가을에 가는 것이 좋고, 가을에는 하늘거리는 갈대를 볼 수 있다.

정상에서 바라보는 풍경은 마치 외국의 한적한 시골풍경을 보는 것 같다.

초원에 말들을 방목하는 곳이라 한적하니 여유를 즐기고 있는 말들을 만날 수도 있다.

혹시 말을 만나게 된다면 살짝 대화를 시도해 보자. 어쩌면 친절히 대답해 줄지도 모른다. 히히힝~~~

오름의 능선을 배경으로 평온한 초원이 펼쳐지는 곳이다. 어떤 구도를 잡아도 시원스럽다. 가능하다면 비눗방울이나, 풍선 같은 소품을 준비할 것. 밝은 느낌을 연출하기 딱이다.
구도를 잡을 때 능선에 머리가 잘리지 않도록 주의!!

제주는 높이 오른 못생긴 건물도 시선을 자르는
전기선도 없어서 더욱이 좋은 곳이다. 육지와
다르게 자연 자체가 배경이 된다.
풀밭에 누워도 보고 걸터앉아 보기도 하고 다양
한 포즈로 추억을 남기자.

여름이면 무성히 자란 풀들로 푸른
초원 모습을 담기 좋은시기이다.

정상에서 내려다보고 있는 풍경을 담을 땐 나무의 어두운 부분이 피사체와 겹치지 않도록 하자. 어두운 부분과 겹치면 인물이 답답해 보일 때도 있다.

하늘과 들을 반으로 나누고 그 한켠에 자연스럽게 사람이 들어가 보자. 이때 하늘 위로 머리가 올라오지 않도록 하는 것이 포인트!

17 구엄리 돌염전

address _ 제주 제주시 애월읍 구엄리 581
parking _ 여러 대의 주차가능
attitude _ 천연 돌염전

바닷가 바위를 이용한 돌염전

구엄리 돌염전은 서쪽 해안도로를 따라 생각 없이 달리다 보면 만날 수 있는 곳이라 부담 없이 찾아가기 좋다.

서쪽 해안도로를 따라 달리다 보면 울퉁불퉁 못난 돌들이 눈길을 끄는 곳이 있다. 바로 '구엄리 돌염전'이다.

본래 제주는 해안가 바위들이 현무암으로 이루어져 울퉁불퉁해 염전을 만들기 어려운 지형이다. 그 때문에 찰흙으로 둑을 쌓아 웅덩이를 만들고 그 안에 바닷물을 고이게 하여 소금을 만들었다.

이곳 현무암 암반지대와 중간중간 솟아 있는 바위들의 해안 절경은 묘한 분위기를 연출해 주는 곳이다. 특히, 돌염전에서 100m 가량 떨어진 큰 바위는 인생 사진찍기 좋은 최고의 장소이니, 꼭 들러보자.

삶의 흔적들이 묻어있지만 힘겨웠던 그들의 고단함을 나는 알지 못한다. 그저 그들의 향기만 아련히 느낄 수 있을 뿐...

어쩌면 동글동글 예쁘지 않고, 삐뚤빼뚤 못생겨서 더욱 정이 가는 걸까?

삐뚤빼뚤한 돌염전 안을 들여다보면 물 위에 비친 자신의 모습이 보인다. 바닷물이 고여 있으면 반영사진 찍기 딱 좋은 장소이다. 반영사진을 위해서는 바닷물이 최대한 고인 곳을 찾아 찍는 것이 좋다.

간혹 툭 튀어나온 바위에 올라 한 컷!
역동적인 장면을 연출할 수 있다.
바위가 미끄러우니 주의하자.

큰 바위를 향해 걸어 바닷가 쪽으로 가면 오른쪽 뒤편으로 올라갈 수 있는 길이 있다. 조심히 바위를 올라선 모습은 한편의 동화 같다.
높이 솟은 무대 같은 바위가 당신을 세상의 중심으로 만들어 준다.
자신감과 존재감 급상승!

18 차귀도

address _ 제주 제주시 한경면 노을해안로 1161
parking _ 포구내 주차장이용
attitude _ 상황과 날씨에 따라 배 스케줄이 유동적
출발전 배 시간을 꼭 확인하자

자연의 숨결을 무인도에서

차귀도는 제주에 있는 무인도 중에서 가장 크다. 거의 30년 동안 일반인의 출입을 금지했다가 2011년부터 개방하기 시작했다. 오랜 기간 동안 사람의 발길이 닿지 않았기 때문일까? 곳곳에 자연의 숨결을 그대로 느낄 수 있는 곳들이 제법 많다.

차귀도 포구에서 배를 타고 5~10분 정도면 닿을 수 있어 이동 거리도 비교적 짧고 섬의 크기도 작아 한 두시간 정도면 섬 전체를 구석구석 살펴볼 수 있다.

간혹 남겨진 집터들이 눈에 띄는데 오래된 집터에 비치는 삶의 흔적과 안타까움이 느껴져 숙연해지기도 한다.

길게 자란 풀들이 사람 키보다 커서 섬을 둘러보다 보면 무인도에 홀로 남겨진 탐험가가 된 듯한 기분이 든다.

트레킹을 위한 관광 유람선이 운행되고 있지만, 관광객이 없으면 유람선을 운항하지 않을 수도 있으니 출발 전 꼭 확인하길 바란다.

차귀도

지붕이 없는 일부 벽만이 남아 있어 동양의 히에라포리스같은 고대도시 유적지 느낌. 창틀을 액자로 활용해 보자.

가을이면 갈대가 온 섬을 메운다. 그야말로 황금밭!
여름에는 초록 물결 속을 여유롭게 활보할 수 있다.
풀숲과 하늘을 잘 나누면 자연경관을 온전히 화면에 넣을 수
있다.

123
자란도

19 귀빈사

address _ 제주시 구좌읍 비자림로 1456
parking _ 입구 앞에 주차공간 넉넉함
attitude _ 개인 사유지, 조용히

故이승만 대통령 별장 가는 길

제주도 하면 바다지! 라고 말하는 사람들이 많다. 하지만 숨은 명소는 오히려 산간도로에 더 많이 숨겨져 있다는 사실.

이승만 별장은 1957년 미군의 지원으로 지어진 소규모 귀빈 숙소로 당시 국가원수였던 이승만 대통령이 사용하였다.

외관상 미국식 주택양식의 단면을 볼 수 있는 건축물이며, 귀빈사는 현재 사유지이다.

흙길 양쪽으로 가지런히 삼나무들이 자기들만의 공간에서 속삭이듯 빼곡히 자리 잡고 있다. 나무와 나무 사이에 드리우는 빛줄기 들은 입가에 미소를 짓게 한다.

이른 새벽 안개가 자욱한 날에는 동화 속 몽환적인 분위기의 숲길을 느낄 수 있다. 깊은 곳에 숨겨져 있는 귀빈사와 그 앞을 지키고 있는 팽나무의 풍경이 비밀의 정원에 온 듯하다.

5월부터 10월까지 매주 화요일과 목요일 일부 개방하고 있다. 사유지이므로 조용히 쉿~ 아주 조용히... 기본 매너를 지키자.

하늘로 솟은 나무를 시원하게 뻗은 느낌으로 나타내려면 지면을 최대한 남기지 말아야 한다. 자세를 낮게 잡고 올려 찍을 수 있는 구도로 잡자. 나무의 웅장한 분위기를 만들 수 있다.

햇살이 강한 정오시간대보다는 10~11시경 촬영하기 좋다.
자신감 넘치고 당당한 포즈로...

햇살이 내리쬐는 날이면 나무 사이로 새어 들어오는 빛을 자연조명으로 활용하여 온몸을 은은한 빛이 감싸는 부드러운 사진을 찍을 수 있다.

비 오는 날에는 나름 몽환적인 분위기의 감성 사진을 찍어 보자.

백약이오름

address _ 제주시 서귀포시 표선면 성읍리 산1
parking _ 오름입구 주차장 이용
attitude _ 나무계단이 아름다운 셀프웨딩 촬영 필수 코스

백 가지 약초가 자라는 너른 들판

백 가지 약초가 자란다 하여 '백약이오름'이라고 이름이 붙여졌다. 도로변 인근에 있어 발견하는 것은 그리 어렵지 않다.

멋진 나무계단 뒤의 풍경이 아름다워 웨딩촬영의 필수 코스. 주차장에서 도로 방향으로 '오름' 입구가 있다. 가끔 입구를 찾지 못해 헤매는 여행객들이 있다. 도로 주변에 입구를 차분히 찾아보자.

소들을 방목하기 때문에 이른 새벽에 가면 여기저기 풀을 뜯고 여유를 즐기는 소들을 볼 수 있다. 소들과 함께 하늘과 바람을 배경으로 사진을 찍다 보면 시간 가는 줄 모른다.

빠르게 흘러가는 일상을 탈출해서 만든 나만의 시간 속에서 만들면 스치는 바람의 숨결을 느껴보자.

한 가지 더. 백약이 오름은 섭지코지 해변과 함께 일출명소로 유명하다.

오름 정상까지 오르지 않아도 나무계단이 끝나는 장소에서
아름다운 경치를 만날 수 있다.

백악이오름

오름을 배경으로 길게 놓은 나무 계단이 핫포인트.
계단이 잘 나올 수 있도록 초입에서 사진을 찍으면 뒤쪽으로 더 많은
배경을 담을 수 있다.

정상에서 초원의 풍경으로 찍을 땐,
수평을 맞춰 촬영해야 하며, 다만 인물은 정중앙에 두지 않아야 한다.
풍경을 많이 담으면 탁 트인 넓은 초원이 더욱 시원해 보인다.

소들이 사람을 더 무서워한다. 그래도 소들이 놀랄 만큼 위협적인 행동은 하지말고, 너무 가까이 다가서지도 말자. 그리고 소똥 조심!

백약이 오름은 해돋이 명소로도 유명한 곳이다.
이른 새벽에 찾는다면 빛을 이용하여 '감성 사진'을 찍기 좋다.
해가 떠오르기 전이나 떠오른 직후 은근히 비추는 빛을 마주 보고 피사체와 함께 찍어주면 감성 사진의 분위기를 낼 수 있다.

21 청굴물

address	📍	_ 제주 제주시 구좌읍 김녕리 1296
parking	🚗	_ 청굴물 바로 옆 돌담길 안쪽으로 주차
attitude	📣	_ 간조 때만 나타나는 신비로운 공간에서 특별한 사진을 즐겨보자. 만조 때는 볼 수 없으니 꼭 바다의 시간을 체크하자

용암동굴이 만든 차가운 용천수

김녕리 청수마을 바닷가에는 용암이 만든 동굴이 있다. 이 동굴에는 차가운 용천수가 솟아나는데 이곳이 바로 청굴물이다.

올레 19코스 종점 부근의 김녕마을은 지하수가 많고 게웃샘물, 성세기물, 신수물, 고냥물, 수감물, 흐른물 등 용천수를 볼 수 있는 샘물이 많은데 그 중 하나가 청굴물이다.

1970년대까지는 어린이들이 목욕을 하기도 했다고 전해지며 현대식으로 정비하면서 과거의 모습은 사라졌으나 그래도 내부는 옛날의 모습을 남겨 놓았다.

청굴물 해안은 파도가 센 것으로 유명하다. 그래서 바다 근처 집들의 돌담은 어른 키를 훌쩍 넘을 만큼 매우 높다. 높은 파도를 막기 위해서 겹담을 쌓았기 때문이다.

김녕의 맑은 바닷물과 시원하게 올라오는 용천수가 여름에 물놀이하기에 좋다. 너른 바다만큼이나 넉넉함과 포근함을 주는 작은마을을 느린걸음으로 바다와 돌담을 살피다 보면 오랜된 유적지를 걷는 것 같다. 그리고 바다 수면위로 드러낸 청굴물이 마치 작은 섬처럼 느껴진다.

바다 안쪽에서 촬영하는 것도 좋지만, 바깥쪽 가장자리에서 안쪽을 향해 찍는 것이 청굴물의 특징을 제대로 살릴 수 있는 구도이다.

수평선은 기울어지지 않게 하자. 의도적인 구도가 아니라면 반드시 평행을 유지하자. 또한, 수평선에 인물의 머리나 몸이 잘리지 않도록 주의하자.

청수동 바닷가에 위치한 물속 샘이다.
'바다 타임(badatime.com)'사이트에서 물때를 반드시 확인
하자. 썰물 때는 샘 안쪽으로 들어갈 수 있고, 밀물 때는
바다 한가운데에 샘이 만들어진다.

145
청굴물

밧돌오름

address _ 제주 제주시 구좌읍 송당리 산66-1
parking _ 별도의 주차장 있음. 굳이 주차장이
 아니더라도 길가 주차 가능
attitude _ 해돋이 명소이자 능선이 아름다운 장소

푸른초원의 아름다움 해돋이

'밧돌오름'은 돌이 많은 오름이라는 뜻이다. 남서쪽에 있는 '안돌오름'과 맞닿아 형제처럼 나란히 자리하고 있다.

말과 소들의 먹이인 목초가 많아 오래전부터 국영목장인 국마장이 있었다고 한다.

정상까지 15분 내외로 쉽게 오를 수 있으며 방문객이 적어 입구부터 무성한 풀들이 무성하다.

이른 새벽 '안돌오름'의 여명을 구경하고 돌아가는 길에 '밧돌오름'이란 것을 알았는데, 두 오름은 바로 인접해 있으면서 높이나 덩치도 비슷해서 마치 쌍둥이 같다.

우연히 머물게 되었던 곳이지만, 조금씩 물드는 여명이 아름다워 오랫동안 사진을 찍은 곳이다.

제주의 동쪽 오름은 일출로 유명한 장소가 많은데 밧돌오름 역시 해돋이가 일품이라 일출명소로 꼽아도 손색이 없다.

새벽 여명을 찍으려면 일출 시각 20분 전쯤에 도착하는 게 좋다.
붉은 여명이 시작되면 해를 바라보고 역광으로 사진을 찍자.
멋진 실루엣을 만날 수 있을 것이다.
실루엣을 더 강조하고 싶다면 약간 밝은 부분에
초점을 주어 찍으면 된다.

해 뜨는 시간을 잘 이용해 보자.
떠오르는 붉은 해를 배경으로 하면
소명의 역할을 톡톡히 한다.

해가 떠오른 뒤에 은은히 퍼지는 자연광은
사진과 피사체를 부드럽게 만들어 준다.

깔끔한 능선이 매력적인 장소. 사진을 찍어주는 사람이 아래에서 위쪽을 향하면 더욱 매력적인 능선과 인물을 담을 수 있다.

23 이호테우 해변

address _ 제주 제주시 도리로 20
parking _ 커다란 주차장이 마련되어 있음
attitude _ 제주에서만 볼 수있는 조랑말 등대

바다에서 만나는 조랑말

바다에서의 특별한 만남이 있는 곳.

'붉은 조랑말 등대'와 '하얀 조랑말 등대'를 만날 수 있는 특별한 해변이다.

멀리서도 한눈에 들어오는 등대의 모습이 마치 해안선 위에 떠 있는 듯하다.

아기자기한 조랑말의 모습이 골목길에서 살랑살랑 꼬리 치는 귀여운 강아지 모습을 떠올리게 한다.

공항과 가까운 거리에 있어 여행의 시작과 마지막 일정에 둘러보기 좋은 곳으로 비행기가 하늘 위로 오가는 낭만적인 분위기도 지켜볼 수 있다.

해 질 녘, 조랑말 등대 뒤로 붉게 물드는 노을을 감상하기 좋다.

등대를 향하는 해안가에서, 여유를 즐기며 낭만적인 해안의 매력을 느껴보는 것은 어떨까?

조랑말 등대 앞 주차장으로 바로 가고 싶다면, 이호랜드를 내비게이션에서 검색하면 된다.

이호테우 해변

하얀 목마등대를 반대편에서 바라보면 귀엽고 앙증맞은 구도를 만들 수 있다.

붉은 목마등대는 색깔 덕분에 화사해 보이지만 한눈에 들어오는 구도를 만들기 쉽지 않다.
붉은 목마등대와 함께 찍고 싶다면 등대가 서 있는 바닷가 쪽으로 내려가면 된다. 조금 귀찮긴 하겠지만 멋진 사진에 도전해 보자.

이호테우 해변

해 질 녘에는 하늘빛과 등대의 붉은 빛이 잘 어우러지는 부드러운 파스텔 톤으로 담을 수 있다.

멀리 떨어져서 두 개의 목마 등대를 한 번에 담아보자.

24 넓은 초원의 폐축사

address _ 제주시 연동 2488-1
parking _ 주차장이 없지만, 차들이 많이 다니지 않은 곳이니 길가 쪽으로 주차

제주가 품은 푸른 초원

117번 도로는 여행객들이 잘 찾지 않는 곳이다.

유명한 여행명소도 특별한 카페 하나 없는 곳이라 인적이 드문 곳이지만 도로 양옆으로 펼쳐진 자연경관이 북유럽 못지않은 풍경을 보여주는 곳이다. 평소 보지 못했던 제주의 모습을 만나보고 싶다면 이곳을 추천한다.

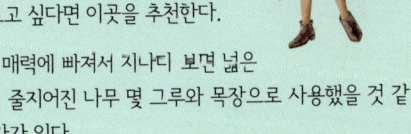

1117도로의 매력에 빠져서 지나다 보면 넓은 초원에 단정히 줄지어진 나무 몇 그루와 목장으로 사용했을 것 같은 모양의 폐가가 있다.

눈 덮인 새하얀 풍경도 놓칠 수 없지만, 봄, 여름이면 초록의 푸른 풀로 덮인 초원의 분위기도 담을 수 있다.

알프스 소녀가 된 듯, 넓은 초원에서 귀여운 망아지들과 함께 달리는 꿈 같은 이야기가 펼쳐질 것만 같다.

어쩌면 가장 제주 같은, 그리고 제주다운 곳이 아닐까?

폐가와 가지런히 줄지은 나무 사이가 주요 포인트다.
나무나 폐가가 사람과 겹쳐지지 않게 찍는 것이 깔끔해
보인다.

넓은 초원의 폐축사 가는 도로

겨울왕국의 엘사를 만나게 될 것만 같은 곳. 설경을 제대로 느끼고 싶다면 제주의 산간도로가 제격이다.

우연히 만난 눈 덮인 제주풍경.
하얀 배경에 초점을 맞추면 전체적으로 어둡게 나온다.
초점을 인물에게 맞추거나 어두운 배경 쪽에 맞추면
사진을 밝게 만들 수 있다.

산간도로에서의 겨울풍경.
초봄까지도 눈내린 풍경을 볼 수 있다.

25 위미리동백군락지

address _ 제주 서귀포시 남원읍 위미리 927번지
parking _ 도로가 쪽으로 쭉 늘어지게 주차가 가능
attitude _ 겨울 여행지의 필수코스 빨간 물결의 동백군락지

겨울에 만날 수 있는 붉은 물결

위미리 마을은 겨울이면 동백꽃이 분홍 물결을 이룬다. 군락지의 꽃분홍 애기동백은 화려하고 붉은 토종 동백과는 달리 은은한 매력이 있다. 꽃잎이 하나둘 떨어져 바닥이 분홍으로 물들고 꽃바람이 불면 마치 동화 속 요정의 숲에 들어온 것 같다.

동백군락지는 두 곳이 있는데 한 곳은 11월~1월 사이 진분홍 꽃을 피우는 애기동백군락지고 다른 한 곳은 3월 즈음 주변 돌담길을 따라 강한 붉은색의 꽃을 피우는 토종 동백나무군락지다.

만개 시기가 매년 조금씩 달라지기 때문에 방문 전에 반드시 블로그나 인스타그램으로 다른 여행자의 사진을 확인하고, 꽃이 만개한 시기보다는 바닥에 분홍 물결을 이룬 시기가 촬영하기 좋다.

추운 겨울, 닫혔던 봉우리를 피우기 위해 얼마나 많은 시간과 노력을 들였을지 애처로운 마음과 꽃의 아름다움에 눈을 뗄 수가 없다.

개인이 운영하는 농장이기 때문에 3천 원의 입장료가 있다.

소담한 나무 길은 어린 시절 동네친 구와 만든 둘만의 비밀스러운 공간처럼 다정한 느낌을 준다.

위미리동백군락지

한 번쯤 친구들과 찍어본 구도이긴 하다.
하지만 친구들과의 우정을 나타내기에는
이런 사진만 한 것도 없을 듯싶다.

위미리동백군락지 **169**

햇볕이 잘 드는 곳이 전체적으로 밝은 사진을 찍을 수 있지만, 인물 사진을 찍을 땐 오히려 빛이 강하지 않는 곳에서 찍는 게 좋다. 상반신을 찍을 땐 인물을 허리 위로 자르지 말 것!

조금 떨어져서 동백꽃과 인물 그리고 하늘을 표현해보았다. 나무의 그림자가 사람의 일부에 그늘지게 찍지는 말자.

26 유채꽃프라자

address _ 제주 서귀포시 표선면 녹산로 464-65
parking _ 유채꽃 프라자 내에 주차장
attitude _ 봄 유채꽃과 가을 억새가 아름다운 곳

억새가 출렁이는 넓은 평원

 녹산로로 유명한 '가시리'에 있는 유채꽃 프라자는 봄에는 노오란 유채꽃을 가을에는 억새의 은빛 물결이 출렁이는 넓은 평야를 볼 수 있다.

 안으로 쭉 들어가다 왼편 무인카페가 있는 사무실 쪽으로 가면 사람 키 보다 훨씬 큰 빨간 의자와 파란 의자를 볼 수 있다. 이곳이 바로 핫 포인트!

 노오란 유채꽃의 색이 소풍을 가고 싶은 봄의 향기가 느껴진다면, 가을에는 큰 억새가 바람에 흩날릴 때마다 싹~싹~거리는 소리가 귓가에 소담한 이야기를 속삭이듯 기분을 좋게 해준다.

 오래된 친구와 옛이야기를 주고받으며, 언젠가 너와 사소한 다툼에서 삐쳤던 이야기, 서로 고마웠던 이야기를 밤새도록 나누고 싶은 추억을 떠올리게 한다.

 그 언젠가 가을, 물들어온 제주에서 은빛 물결을 만난 건 정말 행운이다.

큰 풍차와 함께
길 중앙에 인물을 담는 것이 포인트!
지평선 위로 사람 머리가 잘리지 않도록 하자.

노랑, 빨간, 파랑의 콜라보가 특이하다.
풍차를 중심으로 양옆의 의자와 겹치지 않게
구도를 잡으면 재미있는 풍경이 만들어진다.

거대한 빨간 의자가 억새와 어우러져 제대로 가을 색을 만끽할 수 있을 것이다. 의자는 멀리서 볼 때 와는 달리 사람보다 큰 키라서 올라가 앉으면 소인이 된 듯한 기분이 든다.

175

유채꽃프라자

비양도

address _ 제주 제주시 한림읍 한림해안로 146
parking _ 한림항에 주차
attitude _ 낚시에 흥미가 있다면 낚시준비도…

닿을 듯 말 듯 그림같은 섬

꼭 한 번씩 들러보는 협재, 금능해변 바로 귀엽게 솟아있는 작은 섬.
손을 내밀면 닿을 듯한 아주 가까이 있는 듯 느껴지는 그림 같은 섬이 비양도이다.

한림항에서 하루 3~4번 오가는 배를 타면 15분이면 부담 없이 오갈 수 있는 귀엽고 작은 섬이다. 관광객들이 많이 찾는 우도에 비해 많이 알려지지 않아서 여행객들이 때가 묻지 않아 순박한 어촌마을의 모습을 볼 수 있다.

제주에서 가장 나중에 형성된 섬으로 제주도의 막내라고 부른다. 낚시꾼들에게 사랑받는 곳이라 군데군데 민박집도 보이고 드라마 '봄날'에 등장하면서 많이 알려져 항구 주변에 카페와 음식점들이 몇 군데 생겼다. 시간적 여유가 많고 한적한 여유를 느끼고 싶은 분들은 하루쯤 묵어가는 것도 좋다.

낚시에 흥미가 있는 분들을 위한 팁!!!
갯바위 주변은 던지기만 해도 입질이 오는 낚시 포인트이다.

해변을 따라 나란히 자리 잡은 바위들이 제대로
된 제주의 풍경. 햇빛을 마주하고 찍으면 맑고
선명한 바다와 하늘을 담을 수 있다.

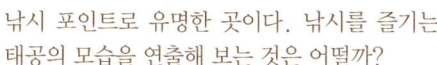

낚시 포인트로 유명한 곳이다. 낚시를 즐기는
태공의 모습을 연출해 보는 것은 어떨까?

해안가를 따라 걷다 보면, 넓게 펼쳐진 풍경들이 한 폭의 그림이 되어 들어온다.
그 어떤 것도 방해받지 않은 듯, 그 어떤 것도 방해할 수 없는 상상치 못한 그곳의 두근거림이 그대로 느껴지는 시간이다.
혼자있다 하더라도 외롭지 않은 푸근함이, 그리고 마냥 행복함이 나를 부르는 곳이다.

28 아부오름

address	_	제주 제주시 구좌읍 송당리 산 164-1
parking 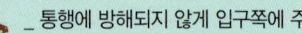	_	통행에 방해되지 않게 입구쪽에 주차
attitude	_	5분 산책 느낌으로 정상에 오를 수 있는 쉬운 오름. 포기하지 말자!

아
부
오
름

믿음직한 아버지 같은... 아부오름?

'아부오름'의 '아부'는 아버지를 말한다. 또한, 산의 모양새가 믿음직하여 한자 아비(부)로 표기했다고도 한다.

제주 곳곳의 지명에는 재미있는 의미를 가진 곳이 많으니 장소의 의미를 알고 찾는다면 그 공간의 무게감을 더 크게 느낄 수 있다.

영화 연풍 연가와 나, 드라마의 촬영지로 유명한 아부오름 입구에 들어서면 멀리 나무가 한 그루 보인다. 그 유명한 '왕따 나무'!

관리되지 않은 자연의 모습이 아름답기도 하고 혼자서 묵묵히 오름 입구를 지키고 있는 것 같아 안타깝다. 어쩐지 고맙기도 하고 애처롭기도 해서 한동안 옆자리를 함께 지켜야 할 것만 같다.

별다른 소품도 없이 '왕따 나무'와 함께 찍는 사진은 그 자체가 인생 사진이다.

"외롭지 않은 이가 어디 있겠는가?"

나만 혼자라는 바보 같은 생각은 잠시 잊어버리길...

나무와 동일 선상에서 찍는 것이 안정적이고
인물도 작게 보인다. 조금만 신경 써서 촬영하자.

185 이팝으름

사진 촬영전 햇빛의 방향을 확인하자.
나무 위에 걸터앉아 빛을 마주 보고 찍어야 선명하게 나온다. 그림자가 등 뒤에 위치하면 오케이.

오름 정상에서 분화구를 중심으로 한 바퀴 돌아보자. 탁 트인 풍경을 배경으로 사진 찍기 좋다.

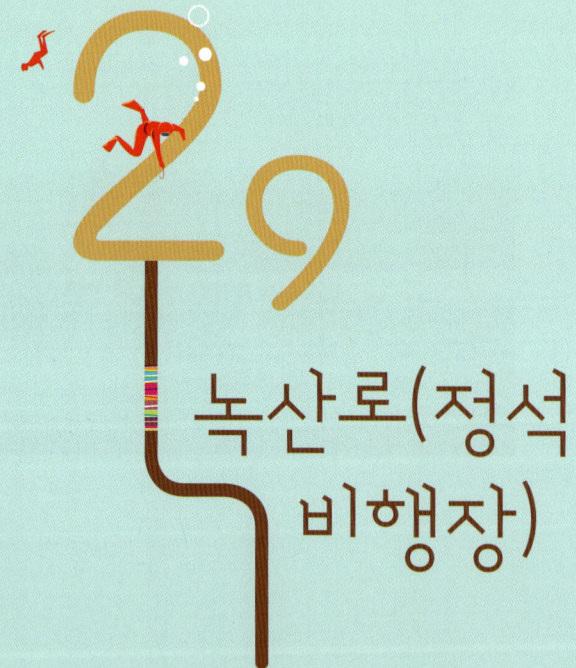

녹산로(정석 비행장)

address 📍 _ 제주 서귀포 표선면 녹산로 679-11
parking 🚗 _ 도로 중간 중간 서너대의 주차가 가능한 주차장 이용
attitude 📢 _ 유채와 벚꽃의 콜라보를 만끽하자

유채와 벚꽃의 조화, 봄의 향연

제주 벚꽃의 대표장소인 '녹산로'는 자동차 내비게이션으로 '정석비행장'을 검색하면 쉽게 찾을 수 있다. 도로 곳곳에 주차장이 마련되어 있고, 거리 축제 기간에는 일부 도로가 통제되기도 한다.

한국의 아름다운 길 100선에 선정된 녹산로는 약 12km 구간의 도로에 유채꽃과 코스모스로 꾸며진 길.

봄이면 노란빛의 유채꽃 물결이 가을이면 핑크 핑크한 코스모스 물결이 출렁이는 모습을 만날 수 있다.

달리는 차 창밖을 보고 있노라면, 달콤한 설레임이 시작하는 연인들이 조금만 더 함께 이 시간을 즐기고 푼 맘처럼 이 길의 끝이 오지 않기를 바라게 된다.

행복한 이 길의 끝에 도착하는 순간 자연스레 턴을 하여 왔던 길을 다시 달리고 있는 나를 보게 되는 곳이다.

축제 기간엔 벚꽃과 유채꽃이 만발한 모습을 볼 수 있으나, 그만큼 몰리는 사람들도 많으니, 이른 아침 시간대에 둘러보기를 추천한다.

풍력 발전기 앞 들판에도 유채꽃이 볼만하다.
발전기가 여러 대 보이도록 찍으면 이국적인 느낌을
살릴 수 있다.

대개 길 가운데에서 촬영을 많이 하지만 넓은 길이 다 보니 양쪽 꽃밭을 강조할 수 없다. 한쪽 꽃밭을 선택하여 인물사진을 찍으면 꽃이 강조되어 화사한 사진을 찍을 수가 있다.

봄에 오지 못했더라도 아쉬워하지 말자. 우리에게는 가을이 있다. 가을에는 살랑거리는 코스모스가 반갑게 인사한다. 가을 여행지로도 추천한다.

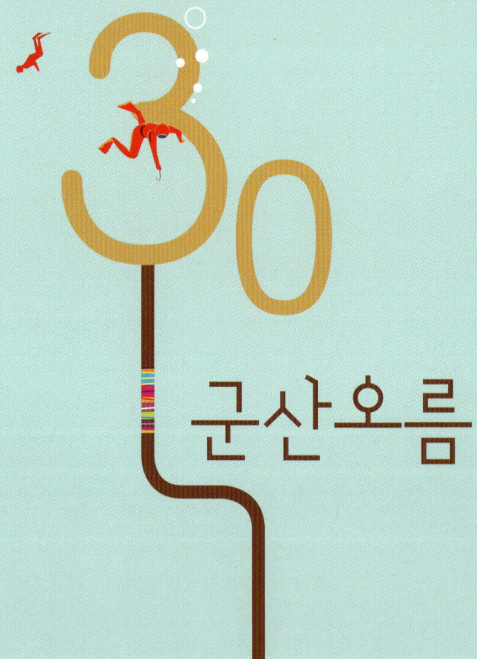

30 군산오름

address _ 제주 서귀포시 안덕면 창천리 564
parking _ 여러 대 주차 가능
attitude _ 차로 정상까지 갈 수 있는 몇안되는 오름 중에 하나로 걷기 싫어하는 분들도 가벼운 맘으로 쉽게 다녀올 수 있는 곳

가볍게 오를 수 있는 쉬운 오름

군산오름(굴회오름)은 정상까지 차로 갈 수 있는 몇 안 되는 오름이다. 걷기 싫어하는 분들도 가볍게 다녀올 수 있다. 군대의 막을 친 것 같은 모양 때문에 군산오름이라고 한다.

중문 바다와 중문 시내 그리고 멀리 산방산까지 조망할 수 있고, 출발 전 미리 일몰 시간을 체크하여 일몰 시각 15분 전에 도착하면 일몰에 변해가는 노을도 볼 수 있다. 오름 정상의 바위 뒤로 펼쳐지는 한라산과 주변의 경치가 한눈에 보여 풍경 사진 찍기에 좋다.

게다가 정상에는 민간인을 강제 동원하여 만든 진지동굴이 있다. 곳곳에 역사적 악행의 흔적이 남아 있어 안타까울 때도 있지만 탁트인 제주의 풍경을 보면 이내 가슴은 시원해진다.

정상에 있는 작은 바위에 편하게 자리하고 멋진 풍경 속에 빠져 제주의 느린 시간을 즐겨보자.

오름 정상에 높지 않은 바위가 있다.
지는 노을을 바라보며 한가롭게 하늘을 담아보자.
노을이지는 풍경은 언제 봐도 아름답다.

군산오름 199

이곳은 낭떠러지가 아니다. 오름 정상 지면에서 살짝 올라온 바위지만 촬영할 때 조금 위쪽을 향해 찍으면 높은 산의 정상으로 착각하게 만들 수 있다.

바람마져도 소품으로 활용할 수 있는 장소이다. 바람을 이용할 수 있는 의상이나 다양한 물건을 준비해보자.

31 모슬포항 등대

address _ 제주 서귀포시 대정읍 하모리 694-1
parking _ 방파제 중간지점에서 주차 후 걸어서 이동가능
attitude _ 모슬포방파제에서 그리 멀지 않은 곳에 등대가 보인다. 흰등대와 빨간 등대사이의 거리는 생각보다 멀다. 사전에 촬영할 곳을 정하자

빨간등대, 하얀등대, 노을, 그리고...

　모슬포항에선 마라도와 가파도를 오가는 배편을 이용할 수 있다. 전문 낚시꾼들의 낚시터로 유명하고 겨울이면 방어 축제도 열린다.

　그뿐만 아니라 화물선과 어선들이 분주하게 오가는 바쁜 항구지만 노을이 멋진 항구이기도 하다.

　가파도나 마라도를 방문하는 일정이라면 모슬포항을 들러 바다 위의 낙조를 보는 것도 괜찮다.

　분주함 속에서 느껴지는 고요한 바다, 방파제를 넘실거리는 노을빛, 등대 주변의 풍광은 나름의 매력이 있다.

　방파제에서의 흘러드는 노을 풍경도, 등대를 거닐며 만나는 노을 풍경도 각각의 매력을 지닌 곳이다.

　작은 어촌마을의 정겨운 풍경도 둑에서 부는 바람도 제주의 바다의 향기를 느끼게 해준다.

하얀 등대와 노을의 만남은 낭만적인 느낌이 확~~
절대 그냥 지나칠 수 없는 그림이다.
하얀 등대 앞쪽 계단으로 등대에 올라갈 수 있다. 올라가면 멀리 탁 트인 바다까지 조망할 수 있어서 더욱 매력적이다.

203 모슬포항 등대

조금 색다르게 찍고 싶다면 등대의 윗부분을 중심으로 촬영하자. 하늘 속에 등대가 있는 신비한 느낌을 줄 수 있다.

제주 바다는 구름이 변화무쌍하다. 해 질 녘 노을과 구름이 만나면 구름 사이로 빛 내림 현상을 운 좋게 볼 수 있다.
강하게 펼쳐진 빛들이 동그란 원을 만들어서 나를 원더우먼으로 변신하게 해줄 것 같다.
이것저것 따지지 말고 배경이 가려지지 않을만한 위치에 자리 잡고 찰칵찰칵!

205

모슬포항 등대

하얀 등대를 만나고 돌아오는 길.
미련이 조금 남았나…
담 위를 걸으며 마지막 여운까지
담으려고 셔터를 눌러본다.
노을과 함께 자연스럽게
걷는 모습을 담는 것도 좋다.

32 새별오름

address _ 제주 제주시 애월로 봉성리 산 59-8
parking _ 대형주차장 이용
attitude _ 가을 여행지. 갈대밭의 명소

별모양의 다섯 봉우리

새별오름은 초저녁 외롭게 떠 있는 샛별과 같다고 하여 지어진 이름이다.

이름에 걸맞게 오름 주변의 작은 봉우리들이 옹기종기 모여 있으며 실제로 새별오름과 함께 다섯 개의 봉우리는 별 모양을 이루고 있다고 한다.

가을이면 억새꽃이 볼만하고 오름 정상까지는 20분 정도 소요된다. 정상까지 오르는 길은 두 갈래. 왼쪽 길은 가파르지만 가깝고, 오른쪽 길은 완만하지만 시간이 조금 더 걸린다. 사계절 아무 때나 찾아도 아름다운 풍경을 만날 수 있으며 맑은 날엔 손에 닿을 것처럼 하늘이 투명하다.

제주의 거센 바람이 불 때면 여행을 힘들게 하지만 이곳에서 부는 바람은 억새의 은빛 물결을 역동적으로 만들어 준다.

10월 말에서 11월경에 제주를 찾는다면 한 번 들러서 은빛 파도 위를 달려 보시길...

억새 숲에서의 인물사진은 허리 아래쪽 약간 낮은 구도를 잡으면 자연스럽고, 풍성한 갈대의 느낌이 더욱 살아난다.

억새를 소품으로 활용하여 가을의 분위기를 연출해
보는 것도 추천한다.

여름의 새별오름 풍경도 좋다.
굳이 가을이 아니어도
늘 멋진 경치를 볼 수 있다.

주차장 입구 정면 풍경이 가장 풍성하고 아름다운 갈대를
담을 수 있다.
갈대밭에 둘러싸인 느낌으로 능선에 인물이 잘리지 않게
주의하자.

211 새별오름

33 성이시돌목장

address _ 제주시 한림읍 산록남로 53
parking _ 목장내에 주차장. 입장료 무료
attitude _ 우리나라 유일하게 남아있는
건축양식으로 이국적인 모습

페르시아 궁전 테쉬폰

푸른 들녘 외롭게 서 있는 건축물, 성이시돌 목장의 랜드.

성이시돌 목장의 랜드마크인 테쉬폰은 이라크의 바그다드에서 가까운 곳의 테쉬폰 (Cteshphon), 페르시아 테쉬폰 궁전이라 불리는 곳에서 시작된 건축양식이라고 한다.

테쉬폰은 우리나라에 몇 개 남지 않은 역사적으로 문화가 스며들어 있는 가치가 높은 건축물이다.

하지만 이곳의 테쉬폰은 목장에서 숙소로 사용하기 위해 건축하였고, 그 후에는 작은 크기로 만들어 돼지우리, 사료공장, 성당으로도 사용하였다고 한다.

한가로운 목장에서 풀을 뜯는 소들의 여유로움이 느껴지는 곳으로 푸른 초원과 궁전 같은 건물이 어우러져 목가적인 분위기의 사진을 찍을 수 있는 장소이다.

이국적인 궁전 건물에서 어릴 적 꿈꾸었던 공주가 되어 보는 것이 어떨까? 공주의 인생 사진이 나오지 않을까?

215

성이시돌목장

창틀을 액자처럼 활용하여 테쉬폰의 전체 모습을 최대한 부각하면 이국적인 분위기를 살릴 수 있다.
테쉬폰 안으로 깊이 들어가면 사진이 어두워진다. 오히려 창틀에 앉거나 바깥벽에 기대어 찍어 보는 것을 추천한다.

테쉬폰은 어떤 방향에서 찍어도 이국적인 분위기를 준다. 실패할 염려는 없으니 안심하고 찰칵!

테쉬폰 근처에 있는 왕따나무는 일명 소지섭 나무로 Sony cf 촬영지로 유명하다.
한 그루의 왕따나무와 바로 옆에서 사진을 찍는 구도도 멋지지만, 넓은 구도로 이달봉과 새별오름을 함께 넣어 주면 왕따 나무를 더 강조하여 찍을 수 있다.

테쉬폰 오른쪽 옆으로도 왕따 한 그루가
귀엽게 자리 잡고 있으니 잘 활용해 보자.

34 방망세기불턱

address _ 제주 서귀포 구좌읍 종달리 611-1
parking _ 길가 조용한 구간에 주차
attitude _ 바다 중간에 위치한 장소이니 만조시간에는 다가갈 수 없는 곳이라, 간조 시간을 체크하자

바다 가운데 자리한 신비로운 장소

우도와 성산 일출봉을 배경으로 자리 잡은 해녀 상이 바다 중간에 외롭게 자리 잡고 있다.

불턱이란 해녀들이 옷을 갈아입고 바다로 들어갈 준비를 하는 곳을 말하는데 휴식이나 물질 요령을 가르치고 배우는 곳이기도 하다.

방망세기 불턱은 해안가에서 가장 먼 곳으로 최근에 인공적으로 복원했다.

썰물 때가 되면 바닷물에 잠겼던 길들이 드러나면서 산책로가 만들어진다. 바닷물에 잠겼던 이끼들이 많아 미끄러우니 바닷길을 산책한다면 운동화를 추천.

불턱에 올라 바다 한가운데를 바라보면 해녀들의 고단한 삶이 바람을 타고 전해온다.

목적 없이 잠시 차를 세우고 잠시 바람에 귀 기울이면 저 멀리서 '숨비소리'가 들리는 듯하다.

불턱 돌담 위의 해녀상 옆으로 올라갈 수 있는 계단이 있다.
쉽게 오를 수 있으니 탁 트인 배경을 원한다면 불턱 위에서
사진을 찍어 보자.
썰물 때 걸어 다닐 수 있는 길이 만들어 진다.

바다 사진은 항상 수평선을 염두에 두는 것이 좋다. 바다와 하늘의 경계가 만나는 곳을 일자로 만들지 않으면 기울어진 사진이 되어 버린다.

돌바위는 서 있는 것도 불편하고 안정적이지 못하다. 하지만 가장 높은 곳에 있으면 장애물이 없어 시원한 풍경이 만들어진다. 항상 안전에 주의하자.

35 영주산

address 📍 _ 제주 서귀포시 표선면 성읍리 산 18-1
parking 🚗 _ 오름 시작점에 평지에 주차
attitude 📢 _ 푸른 초원에서 소들과 함께...

신령스러운 제주의 알프스

영주산은 제주의 알프스라고 불린다. 봉래산, 방장산과 더불어 신선이 살았다고 '영모루' 또는 '영머리'로 부르다 한자로 표기하면서 '영주산'이 되었다고 한다.

성읍에 있는 알프스 승마장 사잇길로 50m 지나 오른쪽으로 조금만 가면 입구가 보인다. 잘 정비된 계단을 따라 오르면 푸른 초지에서 한가롭게 풀을 뜯고 있는 소 떼를 만날 수 있다.

푸른 하늘로 이어지는 듯한 목초지를 걷다 보면 하늘과 맞닿을 듯한 풍경이 알프스라는 별칭이 붙은 이유를 알게 된다.
넓은 들녘에 펼쳐진 알프스의 풍경 속에서 자유를 만끽하고 있는 소들의 모습이 시골의 푸근한 풍경을 보는 듯하다.

소똥들이 여기저기 많으니 잘 피해 가며 주의해서 걷자.

*내비게이션의 안내로 공동묘지로 가는 바람에 새벽부터 묘지를 헤매고 다녔었다. 영주산보다 '알프스 승마장'을 검색해 가는 것이 좋다.

초소의 윗면과 지평선을 수평으로 맞추자.
가까이서 찍을 때는 걸터앉고 조금 멀리서 찍을 때는
위에 올라 서있는 구도도 좋다.
다만 초소 전체가 보이지 않도록 하자.

영주산

풀밭에 앉아 있는 모습을 담으면 주변의 나무들도 함께 담을 수 있다.

초소에 올라서 마을을 내려다보면
탁 트인 풍경이 레고 마을을 보는 것 같다.

양치기 소년이 양 떼를 몰 듯, 소들과 이리저리 무리를 지어 같이 다니며 영화 같은 한 장면을 찍어보자. 소들은 겁이 많으니 소란을 피우지 말자. 순한 아이들이니 겁내지 말자. 하자만 항상 조심!

36 카페보롬왓

address 📍 _ 제주 서귀포시 표선면 번영로 2350-104
parking 🚗 _ 까페 자체 주차장 이용
attitude 📣 _ 양들과 넓은 들판에서 자연스런
  인생사진 찍기에 도전

카페 보롬왓

바람이 함께 하는 까페

에이핑크의 '리멤버' 뮤직비디오 촬영지였던 보롬왓 메밀밭은 개인 사유지였으나 몇 해 전 정식으로 개방하여 메밀꽃 축제를 진행한다.

해를 거듭할수록 더 많은 종류의 꽃들을 만날 수 있으니 아무때나 방문해도 된다.

'보롬왓'이란? 제주도 방언인데, 보롬 은 '바람'을 뜻하고 '왓'은 '밭'을 뜻하는 말로 '바람이 부는 밭'을 의미한다.

9~10월 경이면 귤나무에 노란색 주황색의 작은 귤들이 송이송이 열린 메리 골드 꽃이 마치 봄이 온 것처럼 화사하게 피어있다.

카페 앞에는 커피 한잔과 함께 여유로운 시간을 즐기기 좋은 넓은 잔디밭이 있어 돗자리를 챙겨 피크닉의 분위기를 내보는 것도 좋다.

곳곳에 센스 돋는 아기자기한 포토존이 있다. 사진의 구도를 생각할 필요도 없이 셔터를 누르면 된다.

하늘과 구름과 꽃
사진 한가득 행복을 담아보자!
주황색, 노란색, 파란색이 잘 어우러진다.

카페 보롬왓

봄 이야기를 하듯 속삭이는 마리골드 꽃밭과 그림 같은 하늘 속에 들어앉은 기분이다. 꽃밭에 너무 집중하지 말고 하늘과 구름을 많이 담아 전체적으로 화사한 느낌이 만들어주자.

양들도 잔디에서 놀고 있어서 먹이를 주며 사진 찍어 보길 권한다.
이미 사람의 손을 많이 탄 아이들이라 사람을 무서워하지 않는다. 주위에 있는 풀들을 뜯어주면 강아지처럼 잘 따라다니면서 받아먹는다.
양치기 소년이 되어보는 것은 어떨까?

카페 내부 곳곳이 사진 찍기 좋은 아이템들로 가득하다. 창가를 이용하여 분위기 있는 장면도 연출해보자.

37 아침미소목장

address 📍 _ 제주 제주시 첨단동길 160-20
parking 🚗 _ 목장내에 여러대의 주차공간
attitude 📣 _ 제주의 목장의 풍경을 가까이서
느낄 수 있음

제주에서 보는 알프스 목장

제주도 목장 풍경을 자연 그대로 느낄 수 있고, 주인장의 센스 덕에 포토존이 많아서 쉴 틈 없이 셔터를 누르게 만드는 곳이다.

스위스 알프스 마을에 온 듯한 분위기에 요들송이 절로 나올 것만 같다.

주소지를 찾아가다 보면 비포장도로가 나온다. 순간 잘못 길을 찾았나 싶을 정도로 외진 길을 만나게 되는데 제대로 가고 있는 것이니 당황하지 말고 직진!

넓은 목장과 잔디밭에서 뛰어노는 젖소를 볼 수 있고 대부분 사유지라 제대로 즐길 수 없었던 제주 목장의 분위기를 알 수 있다.

성이시돌 목장은 테쉬폰과 왕따나무를 보고 먼발치에서 목장의 풍경을 볼 수 있어 약간 아쉽지만 아침 미소 목장은 다양한 목장체험도 가능하다. 직접 만들어 파는 수제 치즈와 아이스크림은 꼭 맛보길 권한다.

곳곳의 소품을 잘 활용하여 알프스 느낌을 표현해 보자.
의자의 앉아서 사진을 찍을 때는 발끝을 세우면
다리가 늘씬하고 길쭉하게 나온다.

워낙 경관이 좋아 전문가가 아니어도 심지어 사진과 담을 쌓은 사람이라도 인생 사진을 찍을 수 있다.

돌담과 이국적인 소품들이 제법 잘 어울리는 곳이다. 사진의 기술이 없어도 셔터만 누르면 알프스 분위기가 저절로 만들어진다.

넓은 잔디밭에 준비된 소품 하나하나가 이국적인 분위기를 만들어 준다.

38

알뜨르 비행장 & 섯알오름

address _ 서귀포시 대정읍 상모리 1618
parking _ 알뜨르 비행장과 함께 연결되어있는 섯알오름 입구에 주차장이 있다
attitude _ 역사적 아픔을 생각하며, 개념있게...

역사의 아픔을 담긴 제주의 흔적

조용하고 평화로워 보여도 역사의 아픔이 곳곳에 묻어 있는 장소다.

'모슬포' 지역의 주민들을 강제 동원하여 일본 전투기를 보호하려는 목적으로 일제가 세운 격납고. 일본은 중일전쟁을 위해 알뜨르 비행장을 전초기지로 삼았다고 하며 미국을 상대할 때에 그 규모를 확장하였다고 한다. 남의 나라 전쟁 때문에 조용할 것 없었던 시절의 설움이 안티깝다.

알뜨르란 "아래 벌판"이라는 뜻을 가지고 있는 우리말이다. 밭 중간중간 자리 잡은 격납고 안에는 비행기 모형이 있다. 두꺼운 콘크리트로 만든 커다란 참호 같다. 미군의 공습에 대비해 생겨난 모양이다.

언뜻 보면 색색의 돌담처럼 보이는 구조물은 제주 비엔날레 옥정호 작가가 만든 평화를 의미하는 '무지개 진지'.

적으로부터 자신을 보호함과 동시에 적을 공격하는 구조물이지만 무지개 색을 입혀 전투의 의지가 없음을 보여주는 평화를 원하는 상징물이다.

예쁘게 쌓아 놓은 구조물은 무지개 진지이다.
화려한 색의 옷보다는 단색으로 깔끔하게 연출하자.

여러 개의 격납고 중에서 모형 비행기가 없는 곳도 있다.
모형이 없는 격납고 안에서 밖을 향해 사진을 찍으면 실루엣 사진을 만들 수 있다.
자! 힘껏 뛰어올라 보자!

섯알오름 입구에서는 멋지고 예쁜 사진도 좋지만 끝나지 않은 제주의 역사를 한 번쯤 생각해 보는 것도 좋을 듯하다.

배롱나무는 7월에서 9월까지 약 100일간 꽃을 피운다.
입구에 피어난 꽃잎이 제주민의 어두운 마음을 달래주는 듯하다.

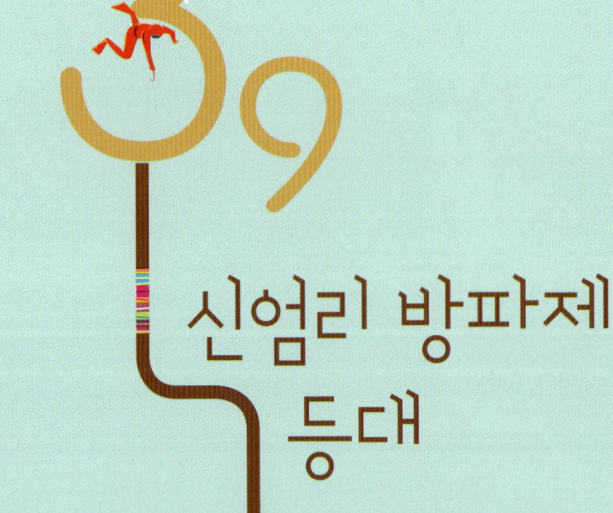

39 신엄리 방파제 등대

address _ 제주시 애월읍 고내리 80-5
parking _ 방파제쪽으로 여러대 주차 가능한 공간있음
attitude 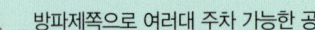 _ 바다 끝에 홀로 자리한 빨간 등대가
바다와 조화로움을 이루고 있다

파란 바다위에 빨간 등대

애월 해안도로를 달리다 보면 멀리 눈에 들어오는 빨간 등대가 있다. 보통 등대는 하얀색이지만 푸른 바다와 대비되기 때문에 지나치지 않고 찾을 수 있다.

여름이면 낚시를 즐기는 태공들이 많고, 잔잔한 파도 덕분에 안전하게 수영을 즐길 수 있는 휴양지.

이호테우 해변의 등대만큼 크지는 않지만 소박한 등대 덕분에 차가운 바닷물이 아늑한 느낌으로 다가온다.

특별한 볼거리가 있는 곳은 아니지만, 바다에 한 걸음 다가가 바람을 느끼고 싶을 때나 작은 풍경도 놓치고 싶지 않은 기분이 들 때 한 번쯤 들러 보는 것도 좋다.

에메랄드빛 바다와 하늘 가운데 자리 잡은 빨간 등대.
파란 도화지에 빨간색 물감을 떨어뜨린 듯 환상적인 조합을
만들어 준다.

251 신엄리 방파제 등대

방파제 왼편으로 약간 눈에 거슬리는 표식이 있다. 사진에 담지 않는 편이 속 편할 듯. 물 건너 바위들을 함께 담는 것이 포인트!~

등대 옆으로 방파제 위에 올라서면
먼바다가 시원하게 눈 앞에 펼쳐진다.
지나치지 말고 크게 담아 보자.
수평선을 맞추는 것은 이쯤 되면 기본.

253 신엄리 방파제 등대

40 용머리해안

address _ 제주 서귀포시 안덕면 사계리
parking _ 대형 주차장 있음
attitude _ 물이 빠진 간조때만 입장이 가능
방문 전 전화로 입장 가능 체크 후 방문

한국의 그랜드캐년!

 용머리 해안은 한국의 그랜드케니언이라 할 만큼 이국적이고 신비로운 지형을 가지고 있는데 산방산과 함께 할 때는 더 환상적인 모습을 만들어 내고 있는 곳이다.

 물속의 폭발로 한라산보다 180만 년 전에 생겨난 지형으로 아래를 내려다보면 20m가 넘는 절벽들이 길에 뻗어있다.

 신비로운 지형 때문에 한국의 그랜드캐니언이라 불린다. 자연적인 아름다움이 잘 보존되어 유네스코 세계자연유산의 지질공원으로 등재되었다.

 수만 년 동안 층층이 쌓인 사암 절벽을 마주하며 자연이 창조한 예술작품에 탄성을 지르며 걷다 보면 넓은 지역에도 불구하고 시간 가는 줄 모른다.

 밀물 때는 파도의 높이에 따라 통제가 되니, 관람이 가능한지 사전 전화로 꼭 체크하고 방문하자.

 중간 지점쯤 가면 해녀들이 직접 잡은 해산물을 곳곳에서 판매한다. 바다를 보며 신선한 해산물 맛보는 것도 즐길 거리다.

해변을 따라 한참 걷다 보면
특이한 모양의 바위를 아주 많이 볼 수 있다.

높은 바위 낭떠러지에 앉은 것 같지만 실은 사람 키 정도의 높이다.
사진에서 바닥을 생략하면 마치 정상에 오른 것 같은 느낌을 준다. 하늘을 많이 담으면 누구나 가능하다.

구멍 난 바위의 중앙에 인물을 넣어
배경까지 잘 드러나게 하면
액자 같은 느낌을 줄 수 있다.
엄마 뱃속에서 놀고 있는 아기 같은 느낌…

용머리해안

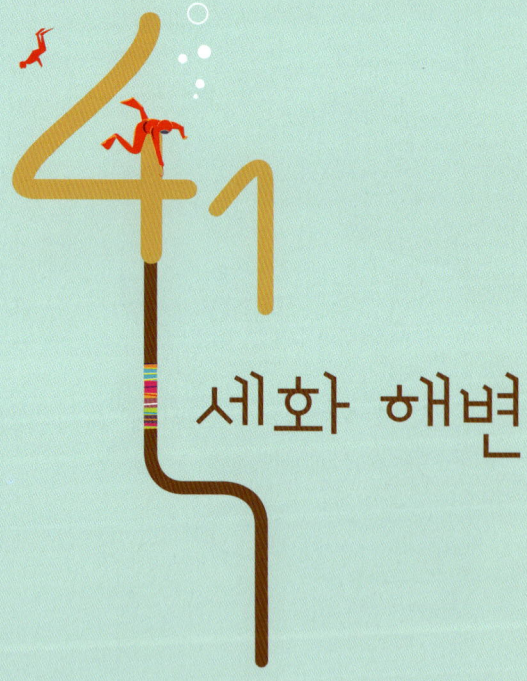

41 세화 해변

address _ 제주 제주시 구좌읍 해맞이해안로 1446
parking _ 해변 쪽 어디나 주차 가능
attitude _ '카페공작소' 앞 해병을 배경으로 촬영해 보자

포근한 바람을 가진 에메랄드 빛 바다

포근한 바람과 에메랄드빛의 바다가 인상적이다.

수심이 깊지 않아 여름 물놀이 즐기기에도 안전하며, 수제품 예술가들의 작품을 판매하는 '벨롱장'도 가끔 주말에 열린다.

예술혼이 담긴 수제품을 구경하고 싶다면 강추!

카페공작소 맞은편 해변에는 예쁜 의자와 소품들이 쭈~~~욱 늘어서 준비되어 있다. 준비된 소품을 이용해서 바다를 배경으로 사진을 찍기 좋다.

특별할 것 없는 장소이지만 평범한 바닷가에서 소소한 행복을 느낄 수 있다.

가끔은 평범함이 더 특별해지는 것처럼 세화해변의 매력은 평범하지만, 그곳에서만 느낄 수 있는 바다와 하늘 그리고 바람 그 자체가 특별한 게 아닐까?

263

세화해변

가까운 곳보다는 먼바다를 배경으로 촬영하자.
누구나 쉽게 찍을 수 있다.
에메랄드빛 제주 바다는 어디나 포토존이다.
수평선을 맞추고 역광만 아니면 실패할 확률은 낮다.

아기자기한 소품들이 스튜디오처럼 잘 준비되어 있다.
소품을 활용해 다양한 포즈로 차분하게 촬영하자.
분위기 있는 여자로 변신!

265
세화 해변

42 소천지

address _ 제주시 서귀포시 보목동 1395
(제주대학교 연수원)
parking _ 도로변으로 주차가능
attitude _ 멋진 반영사진찍기에 좋은 명소

제주 바다에서 만나는 작은 백두산

 백두산 천지를 똑 닮았다고 해서 붙여진 이름이다.

 제주대학교 연수원 뒤편 도로에 '소천지' 이정표가 세워져 있어 들어가는 입구를 찾기 어렵지 않다.

 소담한 숲길을 따라 산책로를 걷다 보면 아담한 정자가 보인다. 정자 뒤편 바다에는 용암이 식으면서 굳어 생겨난 특이한 형상의 바위들이 조금 전 화산이 터진 듯 역동적으로 솟아 있다.

 에콰도르에 있는 세계에서 두 번째로 높은 활화산을 오른 적이 있다. 해발 4,000m를 올라야 겨우 볼 수 있는 화산의 흔적을 눈앞의 제주에서 보게 되니 감개무량했다.

 맑은 물 덕에 1급수에서 볼 수 있는 생물체들이 많아 스노클링을 하는 분들은 바닷속의 풍경도 즐길 수 있다.

빛을 마주 보고 찍었을 때 만들어 낼 수 있는 사진.
역광을 잘 이용하면 누구나 찍을 수 있다.
빛을 마주 보고 눈싸움을 하며 자신 있게 셔터를 누르자.

소천지

들쭉날쭉 못생긴 바위들의 조합이지만 높고 낮은 바위들이 잘 어우러져 있다.
근처 높은 바위에서 아래로 내려다본다면 바다의 느낌보다 산 정상의 호수에 온 듯한 풍경도 만들 수 있다.

날이 좋은 날이면 물에 비친 한라산의 모습을 볼 수 있다.
반영은 물이 잔잔할 때 잘 찍을 수 있으니,
방문 전에 날씨를 체크하는 것도 잊지 말도록...

271
소천지

나무 사이 먼 곳에 담겨 비밀을 간직한 여인 같다. 길게 뻗은 나무가 돋보이도록 구도를 잡자.

43 영락리 방파제 해안가

address 〇 _ 제주 서귀포시 대정읍 노을 해안로 380
　　　　　　근처해안
parking 🚗 _ 도로가쪽으로 주차는 가능
attitude 📣 _ 돌고래 쇼

돌고래의 향연

영락리 바다는 뻥에돔, 감성돔, 숭어, 참돔, 각재기, 고등어 등의 어종이 다양하여 낚시꾼들이 자주 찾는 낚시의 천국이다.

또한, 어종이 다양한 덕에 남방 큰돌고래가 자주 출몰하는 곳이라 운이 좋은 사람은 눈앞에서 자연 돌고래쇼를 감상할 수도 있을 것이다.

돌고래가 출몰하는 날에는 입질이 거의 없다. 돌고래가 물고기들을 쫓아내기 때문이다. 반면에 큰돌고래는 윈 없이 볼 수 있다.

돌고래의 향연과 함께 금빛 광선을 발사하는 바다의 노을 풍광도 만난다면 두 배의 행운이 아닐까?

낚시를 선택할까? 돌고래를 선택할까?

각자의 선택에 맡긴다.

잔잔한 바다 위로 지는 노을이 감미로운 풍경이 감도는 곳.
노을에 물든 바다는 어디서 찍어도 인생 사진이다.
곳곳에 큰 바위들이 많으니 안전한 곳에 걸터앉도록 하자.
바다와 하늘을 함께 넣으면 바다 위에 있는 듯한 느낌을 줄 수 있다

275 영락리 방파제 해안가

낚시의 세계에 빠졌다.
내일 할 일에 대한 걱정보다
현재의 시간을 즐기는 중...
이 또한 나쁘지 않다.

44 갯깍주상 절리대

address 　_ 서귀시 색달동 2101
parking 　_ 주변 길가 주차
attitude 　_ 신비한 자연절경과 함께 밀려오는
　　　　　　　파도소리 느끼며 즐기기 좋은 곳

제주의 숨은 비경

 제주도 전역에서 볼 수 있는 주상절리대는 중문과 대포가 잘 알려져 있다. 하지만 직접 가까이서 보고 만져볼 수 있는 곳은 올레길 8코스에 있는 갯깍주상절리대다.

 뜨거운 용암이 급격히 식으면서 수축작용으로 인해 수직으로 쪼개져 생기는 육각형 돌기둥을 주상절리대라고 부르는데 '갯'은 바다를 '깍'은 '끝머리'라는 제주말이다. 둘을 조합하면 '바다의 끝머리'라는 뜻이 된다.

 드라마 '추노'의 촬영지이기도 하고 최근엔 '효리네 민박'에도 등장했다. 북적북적 많은 여행자가 찾는 곳은 아니어서 여유 있게 쉴 수 있다.

 높고 길게 솟은 주상절리 위에 나무들이 자라는 자연이 만들어낸 작품을 보면 신비로움에 감탄이 절로 난다.

 몽돌로 가득 채워진 바닷가에 파도와 돌들이 몸으로 들려주는 노랫소리가 마음을 편하게 해준다.

 작은 몽돌들이 가득한 해변을 걸어가려면 바닥이 두껍고 평평한 편한 신발이 좋다.

바다를 등지고 절리대를 바라보면 웅장한 바위 절벽을 볼 수 있다. 자연 앞에 숙연해지는 시간이 된다. 웅장한 절벽과 사람을 함께 담으면 극명한 대비가 만들어진다.

전체를 담을 수 없다면 가까이서 촬영해도 절리대의 거대함을 살릴 수 있다. 위로 올려다보는 구도를 만들면 느낌은 더욱 커진다.

어두운 동굴 속 너머로 보이는 밝은 빛!
이곳과는 또 다른 세상이 존재하는 것일까?

45 벨로인더 로맨틱카페

address _ 제주 제주시 조천읍 교래1길 26-1
parking _ 주차장이 따로 있는 것은 아니지만
　　　　　　　　주차가 가능한 곳이 많이 있음
attitude _ 몽환적인 분위기와 셀프웨딩 촬영장소로
　　　　　　　　멋진 숲속의 까페

분위기 있는 숲속 카페

제주여행에서 빼놓을 수 없는 장소 중 하나가 '바다가 보이는 카페'.

게다가 생각지도 않았던 숲속에 '카페'가 있다면 '금상첨화'다.

'에코랜드'와 '사려니숲길'에서 1분 거리에 자리 잡고 있는 이곳은, '곶자왈 산책로'는 물론이고 웨딩촬영을 위한 스튜디오가 있다.

향긋한 커피와 함께 셀프웨딩 촬영을 원한다면 강력하게 추천.

카페 내부의 정원에는 작은 결혼식을 올려도 무리 없을 만큼 다양한 소품들과 우아한 인테리어로 결혼식에 걸맞은 분위기가 가득하다.

카페 뒤쪽엔 멋진 숲길은, 실제로 웨딩 촬영하던 장소로 카페를 오픈하게 되면서 일반인들에게 개방했다.

숲길에 만들어진 특별한 소품은 다른 곳에서는 쉽게 볼 수 없는 것이니, 특별한 웨딩사진을 원한다면 이곳을 추천해 본다.

카페 안에 들어서면 고급스러움에 놀란다.
어느 곳에서 촬영해도 외국에 나온 것 같은 분위기와
화려함 때문에 마음이 편안해진다.
감성 사진이 절로 나올 것 같은 기분이다.

셀프웨딩 촬영 또는 친구들과의 우정 촬영도
커피 한 잔으로 오케이.
사진도 찍고 커피도 마실 수 있는 곳을 찾는다면
강력히 추천한다.

뒤편 숲길에는 사람보다 더 큰 액자가 있다.
분위기있는 사진도 한 컷.
꼭 들러 보도록 하자.

숲길만으로도 몽환적인 분위기를 만들어주지만
앤틱하게 만들어져 있는 큰 액자가
숲길과 사람을 한 폭의 그림으로 만들어 준다.
마치 백설 공주에 나오는 거울 같기도 하다.

46 조천 스위스 마을

address _ 제주 제주시 조천읍 하와로 566-27
parking _ 입구에 여러대의 차량이 주차할 수 있는 주차장이 있다
attitude _ 주거지역이므로 조용히

동화속 느낌의 아름다운 마을

조천 와산에 위치한 농촌 관광 공동체 마을이다. 협동조합 "동행"이 기획하여 만든 마을로 일부는 아직 미완공이다.

연예인 마을로도 통하는 이곳은 특색있는 마을의 정취와 분위기를 살리기 위해 중국인 단체 관광객을 제한한다.

제주도의 자연과 마을의 조화를 목적으로 스위스의 세계적인 화가 파울클레의 '컨츄리 하우스'로부터 영감을 얻어 만든 스위스 마을은 알록달록한 색감의 앙증맞은 건물들이 특색있게 자리 잡고 있다.

과연 제주에 스위스 마을이 어울릴까 생각할 수도 있지만, 마을 조성의 취지를 생각하며 마을을 바라보면 제주의 하늘과 제법 잘 어울리고 아기자기한 건물이 귀엽기까지 하다.

기념품 샵과 음식점 덕에 사진촬영을 위한 포토존이 많다. 사진을 좋아하시는 분들이 쉽게 발을 떼지 못할 것 같은 장소이다.

스위스 마을을 모방한 다양한 곳이 있지만 '조천 스위스마을'은 빨강, 노랑, 주황, 연두색의 건물들이 유난히 이국적인 느낌을 준다. 한 자리에만 머물지 말고 구석구석 숨겨진 소품들을 활용해 보는 것을 추천한다.

건물들이 노랑, 주황, 빨강의 원색으로 또렷한 색감을
가지고 있어서 사진을 찍으면 화사해진다.
초점을 인물에게 잘 맞추면 모든 것이 완벽해진다.

현재 운영 중인 가게들이다.
피해가 가지 않게 조용히...

마을 입구에서 찍으면 알록달록한
마을 분위기를 담을 수 있다.

또렷한 색감의 배경이 사진의 전체적인 분위기를 밝게 만들어 준다. 구도를 세로 카메라를 약간 위쪽을 향하게 구도를 잡으면 인물의 다리가 더 길어 보이는 효과를 준다.

295

조천 스위스마을

마을 초입에 만들어진 포토존은 마을 전체의 알록달록함을 표현하기 좋은 위치이다.

갈대같은 팜파스의 금물결
팜파스 그래스농장

제주 서귀포 표선읍 성읍리 30
외진 곳이라 찾기는 복잡하나, 아는 사람이 적어 조용히 사진찍기 좋다.

제주는 현지인에게도 잘 알려지지 않은 숨은 명소가 많다.

이 팜파스 농장도 워낙 외진 곳에 있고 흔하게 알려진 곳이 아니기에 찾는데 조금 힘이 든다.

바람에 팜파스가 흔들릴 때면 하얀 물결이 드리우는 풍경이 파란 하늘과 함께 바닷속에 큰 파도가 치는 듯한 느낌을 받을 만큼 멋진 모습이 장관을 이룬다.

하얀 솜털처럼 뽀송뽀송하게 피어있는 모습이 억새잎보다 깊고 부드럽게 바람에 흩날리며 영화의 한 장면을 제대로 느끼게 해준다.

가을의 여행지로 11월에 방문하길 추천한다.

주황색의 바닷 물결
신천목장

제주 서귀포시 성산읍 신천리 5
도로변으로 주차 가능하다.

겨울여행에서만 만날 수 있는 귤피 건조장인 신천목장은 파란 하늘에 주황의 바닷 물결이 일렁이는 듯한 특이한 관경을 볼 수 있다.

신천목장을 검색해서 가다보면 목장 입구가 나온다. 이곳은 개인사

유지리 출입금지구역이고, 바로 위쪽 옆으로 보이는 도로 길을 따라가면 도로변에 주차 후 돌담길을 따라 바닷가로 걷어가면 입구가 있으니 담을 넘지 말고 입구를 이용하자.

겨울 속에 가을의 아쉬움을 달랠 수 있는 어제의 시간과 오늘의 공간을 함께 느낄 수 있다.

바람이 흩날릴 때면 덤으로 적당히 향긋한 귤향이 바람에 실려 코를 행복하게 해주는 곳이다.

12월에서 2월경에 제주를 방문했다면 꼭 가볼만한 필수 코스로 권해주고 싶다.

제주사람도 잘 모르는 명소
궷물오름 근처 숲길

제주 애월읍 유수암리 산 136-6 원하는 곳 어디나 주차가능
인적이 없는 곳이니 주위 시선 의식하지 말고 사진을 찍어도 좋다.

이곳은 딱히 정해진 지명도 없어서 다시 찾았던 발길은 동네 바보처럼 여기저기 헤매기가 일쑤였다.

좁은 외길이라 차로 이동하면서 '이런 곳에 뭐가 있을까?'하는 의심이 들지만, 곧 상상도 하지 못한 장소가 등장한다. 길이 좁아 보여도 차를 돌릴 공간은 충분하니 걱정은 접어 두시길...

넓게 펼쳐진 평지와 오름의 조합에 놀라 망아지처럼 뛰어다니게 될지도 모른다. 마음을 잘 다스리자. 사람의 왕래가 잦지 않은 곳이라 비밀스러운 나만의 장소가 되었다.

숨겨진 비밀의 정원
수산리 산간도로

제주 서귀포시 성산읍 수산리 인근, 송당목장에서 수산리로 가는 곳곳에 주차 가능
동화책 속의 그림 같은 풍경 속에서 인생 사진을 찍자.

소박하고 평온한 풍경이 매력적인 수산리 산간도로는 송당목장에서 수산리로 이어지는 산간도로의 곳곳에서 숨어 있다.

봄, 여름에는 푸른 초원의 상큼한 풍경을, 가을 겨울에는 황금 물결의 갈대들이 춤을 추는 광경을 볼 수 있다. 초록의 목장 안에는 소들이 풀을 뜯고 있는 곳으로 이국적인 목장의 풍경을

즐길 수 있다.

넓은 초원 위에 흩어져 있는 마시멜로 위에서의 인생 사진을 추천한다.

꾸밈없는 투박한 풍경이 발길을 머물게 하는 장소이다. 가끔은 목적지 없는 여행을 하고 싶다면 이곳을 추천한다.

이국적인 에메랄드빛 바다
김녕해수욕장

제주 제주시 구좌읍 김녕리
제주 바다에서의 여유로운 시간을 조용히 보내기 좋은 곳이다.

 하루 힘들게 달려온 일정 속에서, 조용한 마무리를 하고 싶다면 김녕 해수욕장을 추천한다.

 투명한 에메랄드 바다색이 낮에는 푸른 하늘과 하나를 이루고 노을이 질 때는 붉은 물결이 파도치는 광경을 즐길 수가 있는 멋진 곳이다. 하얀 백사장과 에메랄드빛 바닷물이 어우러진 풍경이 이국적인 느낌의 멋진 사진을 만들어 낼 수 있어서 더없이 좋은 곳이다.

 공항 가는 길 시간의 여유가 있다면, 김녕해수욕장에서 여행 일정을 마무리하고, 쉬었다가 1시간여의 시간을 두고 공항으로 이동하면 일정에 무리 없으니, 제주 마지막 코스로 추천해본다.